了不起的中国妈妈

格十三 著

人民东方出版传媒
東方出版社

图书在版编目（CIP）数据

了不起的中国妈妈 / 格十三著. —北京：东方出版社，2021.7
ISBN 978-7-5207-2201-8

Ⅰ. ①了… Ⅱ. ①格… Ⅲ. ①母亲－角色理论－中国－通俗读物
Ⅳ. ①C913.11-49

中国版本图书馆CIP数据核字（2021）第091866号

了不起的中国妈妈
（LIAOBUQI DE ZHONGGUO MAMA）

作　　者：格十三
绘　　者：张赫燃
策　　划：鲁艳芳　张九月
责任编辑：黎民子
出　　版：東方出版社
发　　行：人民东方出版传媒有限公司
地　　址：北京市西城区北三环中路6号
邮政编码：100028
印　　刷：北京联兴盛业印刷股份有限公司
版　　次：2021年7月第1版
印　　次：2021年7月北京第1次印刷
开　　本：880毫米×1230毫米　1/32
印　　张：8.625
字　　数：150千字
书　　号：ISBN 978-7-5207-2201-8
定　　价：48.00元
发行电话：（010）85924663　85924644　85924641

目　录

第一章
每天做一个求生欲满满的妈妈

第二章
妈妈分两种，自信的和盲目自信的

第三章

养娃费钱是小事，关键是费爹妈

第四章

妈妈不在家，爷俩乐开花

第一章

每天做一个求生欲满满的妈妈

成为妈妈不光意味着家里多个人和存折里少几个零，更大的改变是内心的自我降级。这个降级不是贬低自己，更不是颓废不思变，而是客观上要开始甘当陪衬、韬光养晦，同时还要丰富自己的内心，扩充自己的灵魂，让自己配得上“妈妈”二字。

在这个过程中，我们可能会磨炼心性，克服困境，弥补短板，走出自己的舒适圈，尝试各种不同的挑战，甚至完全逆转自己的本性，我们会发现自己竟有如此大的潜力，可以完成如此多的困难动作，练就如此强大的内心和体魄。这一切都是因为我们是妈妈，从高尚伟大的责任和义务，到不可告人的私心与贪婪，都在推着我们往前走。我们可能变得更要面子，更追求浮夸，但我们也会变得愈挫愈勇，也更懂得“父母心”，这场“修炼”漫长而艰辛，但只有经历过的人才会在回头望时发出“人生真是有意义”的慨叹。

1

每天做一个求生欲满满的妈妈

之前有一位热心读者给我发了条消息："十三姐，明天我们学院有个特别棒的设计展，想邀请你参观，非常欢迎你来哦！"

我这人其实特别懒，平时最好谁也别找我，能不出门就不出门，能少社交就少社交，参观设计展？有这工夫去大学里看展，难道在家躺着刷手机不香吗？

但我这人脸皮又薄，谢绝别人的邀请时总是下不去嘴，反复斟酌半天应该如何措辞，然后我拿起手机，缓缓打出一行字："我明天可能比较忙……"这行字还没打完，对方又发来一条："我们交大密西根学院的学生设计作品展都很不错的，说不定你儿子也会很感兴趣，欢迎带孩子一起来哦！"等等！儿子？你不说我都忘了这茬儿，我还有个还没高考的儿子呢！虽然他现在才上初中，但是他早晚要上高中啊，上了高中就早晚要考大学啊！如果他将来争口气能报考交大密院，为娘我早点去了解一下不是很好嘛！万一他考上了，老师们想起来“这孩子他娘当年都不愿意来看我们的展览，哼哼”那多不好……

刹那间，万千思绪在我头脑中翻滚，一个妈妈的专业素养就体现在这些缜密的细枝末节的复杂的逻辑推敲之中！

对，没错，只要我儿子还在读书，当妈的就要有这个意识。我可以拒绝一切山珍海味，放弃一切吃喝玩乐，推掉一切无效社交，然而绝不能错过任何与各校老师交流的大好机会啊！于是我缓缓地删除了“我明天可能比较忙”，缓缓地打出一行“我明天正好有空”。

消息发出去后，想想表达似乎还不够到位，然后又打了一行：“老师们是喜欢拿铁还是美式，明天我带来……”我可真是一个平平无奇的卑微好妈妈呀！

自从给这次“应邀看展”扣上了“给儿子打前战”的高帽子之后，它的意义就不一样了。我反复思考着，到时候见到各位老师我该如何展现我那呼之欲出的才华，该如何施展我那该死的魅力才能不给娃丢人现眼。

后来又一想，不对，这个展览对于我这样一个文艺女孩来说，简直是对牛弹琴，什么智能数据管理啊，AR 应用啊，无线充电系统啊，我看完就会呆住……

等等！充电？十三姐夫可是行家啊！

于是我立刻打电话给孩子他爹："明天别安排事情，跟我去一趟交大。"他问："去交大干吗？"我说："家长面试……"

要知道，这么多年，不管是线上活动还是线下活动，十三姐夫永远是一个虚拟的存在，他的人设是云，他只存活在我的文章里，而今天，为了儿子的未来，我竟可以做到破天荒地把他带出来露脸。欣慰的是，在被我灌下了"这里有可能是儿子未来的母校"这杯毒酒之后，他竟然也觉得我有道理！你看，夫妻间少有的精湛演技和高度默契，只有在筹划儿子未来时，才显得如此和谐。

老师带领我们参观时，我一咬牙，小鸟依人地躲到云配偶身后，时不时怂恿他问点专业问题，切磋点专业知识，飚一飚专业术语，以彰显我们家浓厚的科创素养。不谈专业时，我就把他拉到后面，由我补位，温文尔雅地和老师们谈笑风生，以免低情商又嘴碎的云配偶说错话……

就这样，你耕田来我织布，你挑水来我浇园，一边考察学校，一边自以为正在被学校考查。为了娃的未来，为娘必须硬着头皮在众人面前猛夸孩子他爹的专业素养，赞美他对孩子的良好影响，高唱全家一起沉浸于电烙铁科学世界的雄伟凯歌，只为给老师们留下一个美好印象——"嗯，这孩子的家庭环境还不错。"

如果老师说一句“欢迎报考交大密院”，我就开始思考如何在新生家长会上展示十八般武艺了，是钢琴版 *He's a Pirate* 还是古筝版 *See You Again*……老师要是再说一句“我们特别欢迎像您这样和我们有共同理念的家长”，我就已经连优秀毕业生家长代表发言稿大纲都完成了。

这一切可能全部会成为浮云、化为泡影，但这也是一种功德箱，成不成全看造化，但投不投就是老母的自我修养。

就在几天前，我被几百个女人包围，在一群狂热粉丝的簇拥中，我被亲亲抱抱举高高，头戴光环，挥斥方遒。仅两天之隔，我带着云配偶跑到人家的场子，上演狂热家长，小心谨慎，如履薄冰。一天前还是个懒得出门、逃避见人的“社会性死亡中年人”，一天后就会变成朝气蓬勃、热情似火的勤快小姐姐。出门前还是一个伶牙俐齿、骄横跋扈的中年妇女，出门后立马变成世上最温柔懂事的Hello Kitty。很多妈妈的日常都是这样周而复始，而大部分这样的反复无常还不都是“为了孩子求生欲满满”。是不是社交达人，主要看这次社交和我的妈妈身份是不是挂钩。你要是找我喝茶闲聊我可能没空，你要是找我喝茶聊中考形势分析，我马上洗个头出门。疲惫不堪可以变成神采奕奕，紧张忙碌可以调整成悠闲无聊，不喜欢的可以马上喜欢，不擅长的可以立刻擅长，嫌弃的可以瞬间热爱。

一个妈妈能不能成为社交小能手，

主要看这场社交对她娃影响大不大。

有人说“这么卑微的求生欲是不是太累了”，那你就片面了。

孩子像一根风筝线，治好了我们很多“矫情”的怪癖，当我们太孤傲的时候它拽一拽，当我们太嚣张的时候它拽一拽，当我们太自大和冷峻的时候它又拽一拽，就这样，我们经常能挖掘出自己谦逊、低调、热情的一面，变得能屈能伸，可进可退，脸皮可厚可薄，肚量可伸可缩，如同会七十二变的孙悟空，练出了无数不但保护自己还能保护家人的技能，成了一个从灵魂上丰满的人。我感觉，这不是求生欲，也不是被小孩扼住了命运的喉咙；相反，这是在成就更优秀的我们。

2

等开学就像谈恋爱，期待又怕受伤害

中年妇女等待开学的滋味，有点像思春的少女等待爱情——又期待，又怕受伤害。

2020 年，因为疫情，有些地方从寒假连上了暑假，孩子一直在家。我一个在北京的朋友含着泪说：“8 个月，240 多天，5760 多小时，34 万 5000 多分钟！孩子没去过学校！寒假连着暑假，一直待在家里！”于是，这位朋友对于开学的期盼，已经达到了前所未有的高度。然而快开学了，她却变得心情复杂，又期待又害怕，毕竟已经半年多没体会过那种团结紧张严肃活泼的生活节奏了，得重新适应起来。暑假里的老母和住家保姆的区别仅在于拿不拿工资，我们时而是一个准备进厨房和洗衣间的钟点工，时而又是一个客串家教和陪练的全职管家。整个假期里无心打扮，

当代家长全年就过两个节：

秋季开学和春季开学。

懒得修整，为娃的吃喝拉撒绞尽脑汁，感觉把全部灵魂献给了暑假……即便已经马不停蹄手忙脚乱，但神奇的是，有些东西还是和爱情一样，如同指缝里的沙，捏得越紧流得越快，在不知不觉中失去掌控。比如娃的作业，开学前定睛一看，作业堆成了一个漂亮的沙丘，细腻温婉，还留着岁月扇了你一巴掌的痕迹……

我采访了几大拨妈妈，数据显示，开学前的老母对于"开学"的感受有着微妙的区别，主要分为三大阵营：

第一阵营：毫无理智狂欢派。反正就是期待，无理由地期待，不假思索地期待，为终于可以把孩子送回学校去而感到无比开心。

他们在微信群里毫不掩饰自己激动的情绪：

急不可耐，欢呼雀跃！

久旱逢甘霖……

在38℃的高温下，我都觉得阳光温暖舒适，心情舒畅，就像喝冰奶茶一样，透心凉，心飞扬！

说实话，我觉得自己也属于这一类，有点没心没肺，只要娃不用每天在我眼皮底下杵着，取消寒暑假也是极好的。

我们这种当妈的，如同一个无情的甲方，最好学校能365×24小时帮我带孩子……

我们也像一个不作不可活的少女，平时连门都懒得出，一到孩子放假，却偏偏格外向往自由，渴望淡黄的长裙，蓬松的头发，镶钻的高跟鞋以及每天换着花样的熟女的微笑，而不是大黑T恤，牛仔裤，人字拖，鸭舌帽，天天出入游泳馆、网球场、补习班，后面跟着个惹人嫌的吞金兽。

然而，就目前的假期情形来看，我们的职业素养是：随时随地演好一个为娃吃喝拉撒奔忙的女人，而不是随时随地演好一个优雅知性富丽堂皇的女人。

我们等待的不是开学，是优雅的重生。

第二阵营：使命未达狂躁派。

俗话说：世上没有一个女人未曾在开学前因作业而心跳加速过。多么富有哲理的一句话啊，你品。

她们每到开学前，就开始一一细数压在心头的那些作业——

还有三份小报没做。

拖延症，天天压力崩溃中……

早上惊闻暑假作业漏了一大项，赶紧买齐教辅，哀鸿遍野；下午问了老师说也不用全部做完，劫后余生。

翻箱倒柜把每一页纸都拿出来仔细看看是不是放假前发的试卷。

每个群里搜索一下“暑假作业”……

看到这里，我又觉得我也属于这一类人。我狂躁啊！我着急啊！

每次离开学还有一周时，我鼓足勇气向儿子提出梳理“已完成作业 list”，结果他总是淡定地告诉我“直接给你还没完成 list”吧！

不瞒你说，开学前我们家整体氛围是团结向上的，连孩子他爹都意识到形势的紧迫了，每天早、中、晚三次问安：“作业还剩多少？”这就像我们家一个暗号一样，就连我爸妈也已经被感染。

我爸：“作业还剩多少？周六早点过来吃饭。”

我妈：“作业还剩多少？饺子想吃什么馅的？”

这是我们家开学前的核心文化。每个人都自觉地加入警钟长鸣的队伍。

第三阵营：前景迷茫焦虑派。

属于“对放假害怕，对开学更怕”的妈妈们。

想到开学要管娃写作业就很忧伤。

昨天老中医叮嘱我，快开学了，别发火，身体要紧。

通知 9.18 体测，我已经开始焦虑了，好烦。

虽然感觉放假犹如被一个拖油瓶锁住了任督二脉，但开学后的滋味却更是深不见底的未知数。离开学还有几天，有的妈妈就收到了一份“开学大礼包”：开学第一天将进行语数外摸底考。

假期里再怎么说也是“人民内部矛盾”，但一开学，一考试，“敌我矛盾”就产生了。别人家那个“整个暑假都在游山玩水的孩子”考了 99，你家“整个暑假都埋头苦读的孩子”考了 66，你说神奇不神奇、焦虑不焦虑？

一想到这，我感觉自己也是这类妈妈。开学后，各种薛定谔的学霸此起彼伏，真是让我们这些连赶作业都差点喘不上气的人感到焦虑。

万一好不容易盼来了开学，刚一开学娃很快就坐实了学渣地位，这……这种感觉……就像好不容易盼来了爱情，才谈了一天发现对方是个渣男……

作为久经考验的老母，面对开学，大多数妈妈们还是做到了沉着冷静，处变不惊。**表面上看不出内心的跌宕起伏，眼神里看不到灵魂深处的纠结慌张。**

生活是一个接一个的惊喜和惊吓交织，小小的开学又岂能坏了我们优雅的姿态。时刻做到不以物喜不以己悲，心中默念：**暑假已经结束了，寒假还会远吗？**

3

中年人三大翻车现场：考卷、账单、体检报告

小时候我无法直面三件事：突然间考试、被扣零花钱、要开家长会！

三十年过去了，尽管见识、眼界、能力，都和身材一样越来越宽，但冷静地想了想之后发现：那三件事好像依然是我的噩梦……

曾经涉世不深，与世界来了场殊死搏斗，上过当，吃过亏，买过三无产品，体验过卑微的爱情……如今叱咤风云独当一面，然而，无论你是老板还是老炮儿，当面对这三大恐怖事件时，内心仍然脆弱无力。

三十年了，毫无长进。这怎么和我想的不大一样？

只要不看这三张单子，

就能岁月静好，与世无争。

很多人说，不怕空气突然安静，就怕老师突然的短信……我认为一个坚强的中年人，不能单怕这个，你还得怕下班回家看到考卷，怕打开信箱时掉落一地的账单，怕家长会时速效救心丸不够吃，否则你一定是个胆大包天没心没肺不合群的中年人。

考卷一展，闻风丧胆。

曾经，我十分轻视卷子上那个红红的分数，认为凭我的优良学霸基因，儿子成为学霸只是时间问题。然而我猜中了开头，却猜不到结局。

每次由考卷引发的千丝万缕的纠葛，对我来说都是一场考验。就这个问题，总让我憋得面红耳赤。最后我选择打开电视看一集新闻联播，关注一下中国民生和世界局势。

我心如止水地默念："快活一秒是一秒，我不说话，岁月静好。"

每次慌张地等待考试分数，像一个害羞的姑娘等待心爱的小伙儿，既怕他不来，又怕他乱来，翻滚交错的思绪，仿佛一个压了全部身家的赌徒不敢看百家乐的轮盘。

与此同时我还要掩藏眼中的混乱，所以我眉宇苍茫，冷漠无情。

人到中年了，职场上如鱼得水，挥斥方遒，但儿子那一纸试卷带来的如龙卷风一般横扫千军的威力，却是我抵挡不了的。每逢他小测验、月考、期中考试、期末考试，我都失魂落魄如坐针毡手心出汗。我不但没有设置消息免打扰，还置顶了班级微信群。

幸好孩子的分数终会过去，该吃吃该喝喝，这张纸时过境迁，便了无挂牵……但是，你的账单就不一定了。

账单一出，按时吃土。

说到账单，它是薛定谔的谜团，只要不看，总觉得自己很有钱。

别人的身价依托于道琼斯指数和期货大盘，**而生活在上海的我，存款要看季节。**

你问我穷不穷，我会先问："你是问寒暑假，报班季，还是平常？"

"平常。"

"对不起，我们中年人没有平常，全年有惊喜。"

7 月的土最好吃，还添加了大排档款的孜然佐味。

孩子放假了，本计划天南海北走一遭，却经常一时兴起又席卷了几个兴趣班。

说到培养儿子的兴趣，据统计，每家每户总有一个人对此走火入魔，这个人大多数是女性。孩子刚会爬，搞个"抓周"仪式，儿子几经选择放弃了书本和算盘，竟拿起了一条手串儿。这手串儿表面光滑，做工精美，形状统一，成规则的螺旋状，是难得的上品。这说明儿子今后的人生方向是基因科学或者量子物理……

每年1月的土，带着自然风干的别样风味，添加些各色亲朋好友的加料，口味更丰富了。

过个年，感觉半年的班白上了。我神态自若故作轻松，心里翻江倒海发誓下个月省一点！打开下个月的账单，明显感觉问题不在我，一定是通货膨胀了。

吃土最是柔情时，更道天凉好个秋。

中秋报班季、续费季，别人花前月下，我在花钱等下月。

当你看到孩子的考卷火冒三丈，看到信用卡账单气急败坏时，同志，别急，冷静，此时最适合拿出你的体检报告看一下，然后扪心自问，**你还配那么凶猛和倔强么**？

你只配软绵绵地躺在沙发上，来一杯陈年枸杞红枣，面朝东方虔诚念叨：神啊，菩萨啊，太上老君啊，玉皇大帝啊。

没错，体检报告是一个大功率灭火器，专治生命中各种不屈不挠的顽强和不服气，教会了你什么叫 Inner Peace！你要怀有一颗感恩的心。

有一次孩子他爹跟我说："你再去做一次全身体检吧。"

我说："我不敢，万一查出什么病来怎么办？"

"你不做体检就没病了？"他翻了个白眼。

“晚知道点也好。”我眼波流动，神情温婉。

中年人害怕体检，就像小时候害怕打针，一点没变。只要不验血常规，便不知三高为何物，方可继续蛋糕、烤串、麻辣烫；只要不查心肺功能，便不怕血管爆表，还能继续吼娃、拍桌和跺脚。

得知复查结果非常理想，妈妈们顺手叫了一杯超大杯波霸珍珠燕麦奶盖三分糖。

中年人疑神疑鬼，总觉得自己的头发像蒲公英，清风徐来，飘然而去。每当 Tony 老师的一句“呀，最近头发有点稀呀”，就开始怀疑自己究竟是甲状腺结节还是肾虚。

中年人害怕体检，但懦弱不等于鲁莽。每当有个头疼脑热，对医院来说都是个大活儿。

我的一个朋友头昏脑涨加呕吐，一副孕早期症状，我扶她去了医院。挂了三甲医院的专家门诊，白胡子专家建议化验个血常规，我朋友却坚持要求来个医疗镇魂三件套，胸片、核磁加 CT。在医院一顿折腾，专家快疯了，一拍桌子吼道：“你这就是晕车。”

知道自己没事，她头也不疼了，腰也不酸了，一口气爬六楼都不喘了。

孩子爹说，有一天他进公司发现办公室里一片寂静，平日喝奶茶可乐吃外卖的兄弟姐妹都极为收敛。有人要辟谷，有人吃沙拉。茶杯里竟出现了冬虫夏草和枸杞，下班了急着回家蒸粗粮，还有人买了 VIP 健身卡。为何气氛如此诡异，办公室里的大姐告诉他——

这叫中年人突击性养生，因为下个月安排了员工体检。

看见没？提到体检，一群手把长枪、叫板张飞、睚眦必报的中年人瞬间就灭了。

提到体检，那是一款惊悚的消消乐游戏，未了的心愿，所有的执念，涣然冰释。

提到体检，那是灵魂的救赎，你终于可以理所当然地翻个身对云配偶说："我今天不舒服，家长会你去。"

仿佛昨天还在造作，今天就感觉身体已经不能支撑你活蹦乱跳，所有小布尔乔亚式的哀愁和汪峰式的怒吼都沉静了，终于迎来了岁月静好，人间值得……

很多东西都像青春的遗物，随着年龄和勇气的增长却愈发不敢直面。

中年人永远在给自己营造一种加西亚·马尔克斯式的幻境，好像狍子或是鸵鸟，把脑袋插进雪地里或者黄沙下，可以躲避现实的滋扰，一如既往地体面。

时光太快，一脚踏入了不惑，另一只脚还没离开青春期，仿佛刚刚放下书包走出校门，儿子就来要家长签字，眼神仿佛在说：你能不能成熟点？

人生的考卷、岁月的账单、生命的报告，就像此起彼伏的洪涝，试图洗掉中年人所有的不服。

4

愤怒中年：我就退出家长群怎么了？

眼下关于家长的话题很容易成为网络热点问题，一不小心还能上热搜。有一次，一位爸爸骂骂咧咧退家长群的事迹就上了热搜，题为“压垮成年人只需一个家长群”。

那位爸爸说：“我就退出家长群怎么了？你们老师上课不教，回家让家长批改作业……”

对不起，虽然我也是一位家长，但不代表我会觉得所有家长的一切行为都是正确的。成年人早应该脱离“委屈即正义”的误区了，你的委屈是谁造成的都没搞明白，瞎顶有什么好顶的。**也许压垮成年人的不一定是家长群，还可能是公主病。**

家长群是否真的那么不堪？老师是不是真的给家长造成了那么大的压力？我知道不同地方、不同区域、不同类型的学校，家

压垮成年人的不一定是家长群，

还可能是公主病。

校关系和沟通模式都是不一样的。但不管在哪儿，家长其实最明白，造成我们焦虑和育儿困扰的最大根源，根本不是一线老师，而是社会大环境，水涨船高，剧场效应，你追我赶，一线老师也是一路被逼着逆流而上，顺势而为。**在这种环境下，即使老师不盯你，不和你做任何沟通，不给你任何任务，你的焦虑也丝毫不会减少，甚至可能会怪老师"太松了"**。

大家都见过路怒族吧？马路上那些动不动发飙、横竖看不顺眼、吵架骂街、打架斗殴的，属于这一类人的典型。他们旁边也总是站着一群人起哄："就是！没错！说得对！骂得好！"都老大不小了，不找找自己原因吗，有本事买个直升机，租几个停机坪，一切路怒都解决了。老司机都知道，越是经验丰富、开车时间长、技术好的司机，越不怒，他们找到"顺应"和"舒适"的交界点，最大限度地让自己愉快地开车。而新手们生怕自己没被别人看到，要刷存在感。家长群是什么？就是个小型社会。你在这里既不是老大也不是老二，想排第几要看娃。群怒的家长，或许能掀起一波短暂的宣泄。但理智一点的人都会想：**这能带来什么改变？对我们有啥好处？**

有的人以为自己与众不同，说别人所不敢说，做别人所不敢做，但他从没有起到任何正面作用。

“我退出家长群怎么了”，是啊，没怎么，你退呀，不吱声也能退群的。这种“退了还要昭告天下，就怕大家不为他的离去感到悲痛和自责”的家长，到底想证明什么呢？“那我要你们干什么”，是啊，如果孩子上学后你就认为可以完全撒手不管，那孩子还要你干什么？你不但可以退群，还可以退学，甚至可以考虑退孩子。

不知道为什么，最近几年家长群里闹新闻的主角，大多是爸爸。前不久，俩爸爸在家长群里因为孩子之间的小矛盾而公然约架，打得头破血流。还有位爸爸在开家长会时痛哭流涕，声称自己太忙了没时间回老师的消息。就在近两年，也曝出爸爸在家长群里对老师说：“我儿子没完成作业，是我不让他做，他要是不想上学，我也不让他上学了，怎么了？”这理直气壮的，感觉自己是正义的化身。嘿嘿，我觉得很有趣，平时一直在兢兢业业带娃、辅导学习、操持补课、家校沟通、规划发展的，大部分是妈妈；但时不时在家长群里公开抱怨、约架、搞事情、退群并昭告天下的，却多数是爸爸。男女有别我理解，但当了家长后男女差别越来越大，我很难理解。**把硬杠当作有原则，把破坏当作有底线，把挑事当作维护正义，把愤怒当作有个性……这种只有硬度没有软度还扬扬自得的易碎体质，最喜欢给自己加戏。**

这恰好反映了一个尖锐的问题，也是很多人不敢面对的事实：**家长和家长之间的差距真的很大。**只要你观察一下就会发现，越是好的学校，家长和老师的配合度越高；越是各方面优秀的孩子，家长和学校的配合度越高。是因为学校好，所以家长都很配合吗？是因为孩子好，所以家长配合吗？**恰恰相反，是因为家长很配合，他们才进了好学校；是因为家长付出得多，孩子才好。**家长在孩子身上花了多少精力，在教育这件事上做了多少亲力亲为的努力，直接决定了孩子有机会进入什么样的教育场所。一开始我们也都很不服：教育明明是学校的事，为什么家长要做这么多？但后来我们逐渐明白了：**教育，就是专治各种不服。**教育里有很大程度的自我要求，其中包括家长的自我要求。老师确实不应该把什么都推给家长，但同样，家长绝不能什么都指望老师。你不肯付出，自然有无数自我要求高的家长在不断付出。**"配合"不是"屈从"，归根到底孩子是你的！**你愤怒且消极，却要让老师积极起来？那你的意思是老师应该把所有其他学生放到旁边，一天 8 小时只对你的孩子负责，只为让你过得轻松舒服？

确实，不是每个老师都是好老师，但请记住，也不是每个家长都是合格的家长。觉得自己付了点学费恨不得老师给他家娃 24 小时提供定制服务的那些家长，已经率先输在了起跑线。大环境的竞争和压力活生生摆在这儿，老师自然会让家长做很多教育辅助，尽管方式上有的委婉、有的直白，但他们是最直接教我们怎么当家长的人。当家长就是你和这个世界真正和解的过程，你现在告诉我“成年人没有容易二字，就容易退群”，对得起你娃吗？你当然可以不听，不配合，就像很多人对社会不满也一样能生存下去一样。你还可以认为现在的教育环境配不上你，并让孩子远离这些，你只需要把自己家的矿搞好留给子子孙孙就行了。对了，你有矿吗？

愤怒中年只想着一件事：怎么做最过瘾。理性家长想的却是：做什么能解决问题。就像在公众号后台留言说“我对你很失望，取关了”一样，退家长群也要发个视频昭告天下并顺便骂一顿的人，都把自己当宇宙中心了。大家应该明白一个道理：我们所有人，无论是家长还是一线老师，本就是一根绳上的蚂蚱，你奓毛属于人民内部矛盾，损人不利己。大兄弟，你搞错发泄对象了，明白吗？我猜，说到这儿肯定有人会杠：“你的意思是老师把责任都推给家长就是对的？”首先我告诉你，我也是一个家长，家长的累是怎么回事我最清楚。我们当然也可以选择不累，代价就是接受孩子一路垫底长大。你要是不能接受，你就硬着头皮走出舒适区吧。按那位爸爸的逻辑，老师应该对全班家长说：“大家不要关注孩子的功课，千万不要检查作业，打死都不要去外面上补习班哦！”你高兴吗？这个班保送清华好不好？醒醒吧，老师没必要盯着你去管你自己的孩子，你不想配合可以告诉老师：“我有自己的路数，不想按你说的做，请你以后别管我们！”然后你默默退群，回归自己的山林，独享诗和鸟粪，也还老师一片清静，皆大欢喜，何乐而不为？如果你连和老师理性沟通、顺畅交流的能力都没有，只会在这里耍公主病甩脸子喊委屈，有这点时间不早就给孩子检查完一天的功课了吗？当然，如果你勤于修炼，终有一天会炼就“被点名也无动于衷”的境界，你也会对那些戏份过多的“退群者”笑着说一声：有缘再会。

5

家长群，人类进步的阶梯

朋友，你觉得自己孤陋寡闻吗？你害怕自己落后于时代吗？你担心自己见识浅薄吗？你想学最新最前沿的科技吗？你想了解中医西医吗？你想掌握社会民生最全资讯吗？你想知道方针政策最新动态吗？你想治好选择恐惧症吗？你怕薅不到羊毛吗？你希望随时随地有人给你网购链接吗？你想不费吹灰之力找到人生知己、事业伙伴、投资方向吗？你想在孤独的时候有人陪你唠嗑吗？你想在烦恼的时候有人比你更惨让你开心开心吗？

那你必须加入一个家长群。

这是一个团结紧张严肃活泼的扁平化管理组织，和其他群不同，它起点就高。不管是校内的还是校外的，大家属于以娃会友，同呼吸共命运，从一开始就自带战友情、自来熟。

在这种以爱之名的大前提下，一切都变得美好起来，**别管是拉票、点赞的，还是砍价、凑数团购的，以及花式彩虹互夸的，都散发着同僚间才有的默契，让人欲罢不能，退群不得。**用不了多久，你就逐渐领略到家长群的另一种魅力了。

我自问精通天文地理哲学心理，熟读唐诗宋词和励志文学，情商智商同时在线，身材匀称，体重不到200斤，在公司里给老板搭过桥，在家里给配偶填过坑。应付一个家长群，我觉得没有问题。于是我把自己的微信头像重新液化滤镜了一下，信心十足。一进去才发现，大家的头像都透露着一股成功人士的味道，连他们给孩子取的名字，我都读不对……**我突然不自信了。**

更不自信的还在后面。也许你刚当上家长的时候，会觉得“我的孩子真好啊，聪明健康好看，像我”。当娃走进校园时你又满怀信心：人生漫长道路的第一步，快乐地去成长吧，孩子。

感觉自己的教育理念真的很先进，理性又科学，我应该是这个世上最典范的父母了吧。后来才发现，孩子迈进学校那一步，不是人生的转折点，我迈进家长群的那一步才是。**孩子还是那个孩子，我们变成了更优秀的我们。**

家长群才是一个大千世界，颠覆之前所有育儿的优秀理论与实践，泯灭一切曾有过的“我带娃带得最好”的信念，只需要0.01秒。当看到别人家爸爸妈妈给孩子做的**7×16每周计划工**

作表时……我输了。在那一刻我就知道：家长群，将是我学习做人的第一步，也是学当爹妈的启蒙平台。用不了三天，你就会发现，它不仅是学习上的伴侣，还是一个包含了**家政服务、社区通知、难题解析、医疗咨询、致富秘籍、烹饪养生、脱坑指南、升学攻略、试听课二维码分享、买一送一秒杀**等综合性高密度多渠道的福利平台。只有想不到，没有他们不知道。**不进家长群，我还以为自己是教育能手、育儿标兵、百科全书、人间指南；进了家长群，才发现原来我是一个废物。**

你家修补阳台缺点防水涂料？家长群里吼一声，梓瑄/紫萱/子轩妈妈上次参加学校文化节时做兵马俑可能正好剩了一小桶防水漆，立马快递到你家，还附赠了使用说明书，以及她家堆不下的36套儿童小说。

家里抽油烟机止回阀老化了？随口在家长群里问了一句，子明/梓鸣/子铭妈妈会给你发来止回阀的高清图片和原理详解，以及离你家最近的五金店老板的微信号，货真价实，童叟无欺。

节假日哪家医院有儿科门诊？群里吼一句，四五十个标准答案同时出现，包括特需号的价格、排队的平均时长、专家门诊特色评判、网上咨询平台二维码……一应俱全。最后在标准答案中得分最高的紫涵/梓涵/子寒妈妈，会给出这家医院的路线导航，从哪条路的哪个门可以开进去，几号停车场的哪个方位车位最多，并附赠一张精致的手绘地图。我非常感动，我加入了一个好人好事求助群，它的打开使用率最高，成了手机里众多生活教育类 APP 的唯一竞争对手。在家长群，你曾经靠撑竿跳都够不着的大老板、大领导、大咖们，和你平起平坐，有事没事问你：**在吗？能拍一下今天的作业吗？……**

在家长群里，没有身份地位之分，只有互相请教：**在吗？能把你娃的英语卷子拍一张给我吗？……每天群里的三百多句“谢谢”和“不客气”以及“我们是温暖的一家人”构成了最硬核的人间真善美。**

家长群开阔你的视野，提升你的眼界，拔高你的格局，磨平你的棱角，曾经学校和老师没教会你的，家长群一一帮你灌输得明明白白。在群里，我没什么存在感，感觉我一身的天文地理人文哲学造诣在这群里毫无用武之地。

我努力地想要创造点话题来一展我的超能力，摩拳擦掌时刻准备。一个妈妈求教一道数学题，我开心极了，刚拿起笔，只见已经有四五个解析完整、步骤清晰的答案发了出来，贴心点的还能附上语音版讲解。有人在群里请教暑假旅行线路，我刚陷入美好回忆准备给他介绍目的地，突然看到有人已经推送了详细的目的地旅行攻略，附带着打折门票的领取方法和坑人景点项目列表，还贴出了优秀地陪的微信二维码……

进家长群之前，觉得自己是人间指南。

进了家长群后，感觉自己是人间废物。

不进家长群，还以为我们家相当文艺，能码字会弹琴，读得懂王尔德，唱得了周杰伦。进了家长群，发现原来我仍是一个粗人。冷不丁的，家长群里秀才艺说来就来。提琴、长笛、管风琴、竖琴、架子鼓、尤克里里、电吉他玩得走火入魔，一人玩两种乐器的比比皆是，个个炉火纯青。后来谈起文艺这方面，我都不好意思开口。书法、绘画、雕刻，群里惟妙惟肖技艺超群。我在一个孩子的画中同时看到了约翰内斯·维米尔线条和陈丹青笔触。孩子写作文我就不提了，别人家的孩子动情的散文和小说经常使我感到望尘莫及。只有进了家长群，你才知道，承认自己普通和承认自己孩子普通，这两件事势在必行。

成年后最大概率结交到人生挚友、后半生知音的场合，应该就是家长群了。如果一起经历人生最艰难的九年义务教育完整阶段，你们的友谊将金刚不坏，至死不渝，化成灰都紧紧抱在一起。

家长群终于让中年老母们返老还童，重新找到了小学生文明斗嘴的快感。你儿子揪我女儿裙子，把扣子拉掉了，小事情小事情。你女儿把我儿子的橡皮扔到窗户外面去了，不好意思不好意思。哦，听说是你儿子先把我女儿的铅笔藏了起来，不懂事，我教育她。哈哈，大概是因为你女儿上课老是拿铅笔戳我儿子，没事了没事了。

我也不太理解当代老母斗嘴的逻辑，那是又怕她不吵，又怕她乱吵，不看效果，只讲礼仪，真好。

家长群是知识的海洋。聊天吗？为小学二年级数学题吵架两小时的那种……

这就是家长群的奥妙之处，它让你永远都不会给自己打100分，让你永远进步，抛弃原来那个混沌的自我，向着更高更深的远方拓展。如果人人都进入家长群，互相扶持共同进步，那么人间将会更美好。

家长群是人类进步的阶梯。你羡慕了吗？首先，你得有个娃。

6

家长会，专治各种不服

如果说在这鸡毛横飞、刀光剑影的生活里，还存在这样一种场合，既有追逐竞争又没钩心斗角，既分得出高低又讲究平等，既让你甘心挫败又磨平你的棱角，还教你低调做人，在光环之下保持谦卑……那这个地方不是董事会，不是表彰会，不是居委会，而一定是家长会。

中年人的真善美全在家长会里了。

有一次，我的朋友皮小虾发了一段小视频，视频中他坐在正开家长会的教室里，拥挤的教室桌椅勉强塞进中年人肥硕的身体。他发现坐在他前面的一位妈妈，长发飘逸，发丝落到了他的课桌上。他下意识地把手伸了出去，小时候“扯前排女生头发”时的激动之情油然而生，顺便来了一段感慨：

刚想扯一下前排女生的头发，

突然反应自己是来开家长会的，

曾经以为老去很遥远，

其实年轻已经是很久之前的事情了。

这种无奈充满了喜感，不少人觉得这个爸爸油腻了，但我觉得，**别认真，认真你就输了**。在这一地鸡毛的中年，有一个偶尔撩拨情怀的机会是多么难得，更何况是在这拥有人类最错综复杂情绪的特殊场合——家长会。

不容易，我们提倡这种娱乐至死的精神。好在，中年男人有了收放自如的能力，尽管开家长会还能忙里偷闲地演绎情怀祭奠青春，但还是能保持克制，无伤大雅。话说回来，坐在前面的妈妈那淡定的姿态也映衬着中年女性独有的安全感和洒脱，说不定人家早在心中有了谱：**后面不管是谁，我量他不敢碰老娘一根头发。**

或许在下一秒的相视一笑之后，翻篇带过相忘于江湖，下次再见可能是毕业典礼了。到了这个年纪，一个自律，一个自信，彼此保持着默契的疏远与亲近，这就是美好而庄严的"家长会之交"，中年人的真善美在此刻便到达了巅峰。所以我总觉得，**"成为家长"是生命中比较可爱的一件事。**

少了这一段，晚年的回忆全是成熟的后半生，一点童趣也没有；有了这一段，基本上 50 岁之前充满波涛的人生才能积累足够的“沙雕”回忆，供我们以后与老年大学的同学讲笑话用。

一时间，这个欲扯又止的感慨牵引了许多中年人的情绪。

我不禁琢磨起来，任何引发共鸣的东西一定有它优秀的内涵。这个视频短小精悍，却苍劲有力，于表面的绵软细腻之中隐藏着巨大的内力。我想，它引发的共情可能并不在于“扯女生的头发”，也不是“顿悟年岁已高”，而应该是**当那伸出去的手瞬间又缩回来的一刹那，一颗在一秒之内完成了从“自我放逐”与“自律自省”全套动作的钢化玻璃心，咔嚓一下被戳到，像是被青春撞了一下腰，直接腰椎间盘突出了**。坐在自己孩子的教室里，就如同参演一场话剧，你只是客串群众演员，剧本由老师和孩子编写，演出效果是导演的功劳，门票收入归制片方……**你只是个跑龙套的**。但在这里可以无限接近肆无忌惮的纯真，也无限学习抱着规矩做人。家长会，专治一切放浪形骸和不服。**正是这种于无形中将人按在砧板上剁成肉泥还很均匀流畅的快感，让中年人欲罢不能**。（真的，看了这个视频之后我发现我一本正经胡说八道的本领提升了。）

不开一次家长会，有些中年人可能都无法直面这一事实：你青春里的那些“前面的女生”、“同桌的女孩”以及“远处的姑娘”，早就已经是“别人的妈”了；你青春里那些“隔壁班的男生”、“篮

一场家长会，

把大家的地位拉到平均位，

在这里，任何人都可能只是个跑龙套的。

球队的帅哥”以及“对你笑过的校草”，也早已是“别人家的云”，也许一样是没抱稳紫霞一个倒栽葱把人家甩到人间，比你的配偶强不到哪儿去。

就像这个世界没有真的给女人创造一种有效的祛皱产品一样，它也没有给男人留任何回头路。想到这儿，青春里的恩恩怨怨一笔勾销，朦朦胧胧的小情绪消失殆尽。**家长会，堪比强硫酸，胜过双氧水。**

家长会的意义不仅在于此，它还摆平了成年人无处安放的鸡汤。

我发现有很多刚结婚的年轻人，整天诉说“成年人的生活里没有容易二字”，有一种“为赋新词强说愁”的离骚感，而正是这种惆怅，体现了他们的青春并没有真正逝去。直到参加了一次家长会，很多奓着的毛才会被真正捋顺。到那时你会意识到：**生命从此刻开始清零，应该重新起跑了。**在座的，不管之前多优异，有多大成就，高考多高的分，去过多少国家，手底下管多少人……只要往教室里一走，周围淡漠的眼神、不屑的态度、你算老几的氛围，一拥而上，大家表情狰狞地扭动身躯挤进逼仄的小课桌椅之间，坐在 3 岁孩子的凳子上屈膝拱背一个多小时，再一次站起来时就像没完全进化的尼安德特人，不太会直立行走了。当看见老师把我儿子弄坏的三支小货架挂在了墙上醒目的地方，感觉这成了我们近30年来最大的人生污点。那时孩子爹明白了一件事：**从此以后，至少在这个地盘，得靠娃才能真正抬得起头，直得起腰。**

家长会的另一个启示，绝对是一剂甜美的正能量安慰剂。

我一中学男同学的女儿，和我家孩子在同一个学校。我上学那会儿，班主任是我的二舅妈，可想而知，我了解多少同学背后“不可告人”的故事。这位老同学光是被班主任没收的闲书就有50多本，他妈因为被叫到学校约谈的次数过多，后来和我舅妈成了闺蜜。就这样一位当年非常不靠谱、不被看好、被吓唬“以后找不到老婆”的男生，长大后谈了十多次山盟海誓的恋爱，最后娶了一位贤妻良母，生了个漂亮的女儿。女儿从小是班干部，门门考第一……**这位老同学，人生的腰杆在家长会上硬了起来。**他跟我们聊天，不念过去，不谈未来，只聊自己家女儿，家长会上各科PPT上排名第一的那个名字，是他的娃，好夺目，好炫彩。

于是，家长会可能也是很多人向世界证明自己还可以的舞台，给自己创造了一个平反的机会。同时，家长会有可能会降低家长对孩子的期许。当看不懂黑板上那些“本学期主要学科内容”的时候，你可能会觉得：“同样坐在这个教室里，我的考试分数可能只有儿子的一半吧！”转念一想：“我那令人头秃的娃，早晚也会长大，也会像我一样再次走进教室，以家长的身份面对这一切，到那时，不用我逼，他也能自主学习，不如静待花开吧！”这么一想，豁然开朗。

参加过家长会的人，要么焦虑，要么喜悦。焦虑的往往是觉得自己优秀，孩子却不咋地；喜悦的一般是自己才半斤，孩子却超过了八两。是骡子是马，家长会遛遛。怎么说呢，很多时候中年人的无奈并不在于“感觉混得不好”，更多的无奈是在终于度过了“没混好的过去”、熬过了“混得一般的现在”、终于有点起色准备“好好混一下未来”的时候，未来却先你一步到来，给你一个很大的意外——比如一位成功人士被老师捉去灌输育儿方式，批评“不会教育”。这……我们确实不会教育，谁还不是第一次当父母啊。**而家长会这样的场合就显得弥足珍贵，在这里没有尊卑贵贱，只看你家孩子有没有上挨训名单。**家长会也是一**个检验真理的标准，到底有没有两把刷子，不看过去，不念将来，就看孩子在班级的情况**……家长会就像那个传说中撞了你的腰的青春，以剧烈而急促的方式将你摇醒，别总以为会一直宝刀不老，总有一个瞬间会让你明白，自己可能已经是把生了锈的菜刀。**人成长最快的阶段，就在还能开家长会的那几年。**

7

一起报班是检验老母友谊的最高标准

暑假快结束时，有人给我发来“秋季学期课外补习甄选课表”，看看这名字，像是皇室内部为我钮祜禄十三姐秘制的开学惊喜大礼包。课表还分方案一和方案二，全攻略利弊对比、师资调研、水平分析，让我选。她顺便还说了句：“知道你懒得研究，也没空看，我都帮你规划好了。”感人肺腑。但大家都是千年的狐狸，我当然也猜到了她的内心戏：咱们俩的娃上一模一样的补习班，那咱们的可自由支配时间也就一样了，比较方便携手放浪江湖。这就叫**“想姐妹之所想，急姐妹之所急”**。这年头姐妹想什么、急什么？什么公司负债啊，旧病复发啊，发际线后移啊，赘肉猛增啊，老公行踪诡异啊，那都不是事，解决所有和娃相关的事才是正事。能给我带一天孩子的都是天使，能帮我管两天作

一个优秀的妈妈带来的安全感，

超越一切浮夸的表象，直抵灵魂深处。

想姐妹之所想，

急姐妹之所急。

业的都是恩人，能替我把整个一学期的规划都做好的，这不是别人，简直是世界上的另一个我，你说拽不拽？这种优秀的中年老母，不光是哆啦A梦的口袋，还是蝙蝠侠的翅膀、蜘蛛侠的爪子、超人的内裤，一看就是安全感的象征，只有你想不到，没有她们做不到。**真正的好姐妹，不是带你看遍普罗旺斯的紫，不是让你尽览马尔代夫的蓝，她们会带你看看下个学期的课，叮嘱你别忘了付钱……**

一段难能可贵的老母友谊，就是从"说好一起绝不给娃报任何班"的共同理想开始，从"别人都报就咱俩不报是不是有病"的共同怀疑进阶，从"她给娃上啥班我都知道"的互诉衷肠升华，以"她给娃上啥课都顺便替我也报个名"的同舟共济以及"我不上的课她也不上"的同仇敌忾达到顶峰。然而，钛合金打不倒的战友情再坚固，最终也大概率将以"毕业各奔东西"告终，转战下一段生涯，寻觅新的战友。但这样戏剧性的故事不见得能发生在每个老母身上，还有很多是比这个戏剧得多的。比如我表妹，她儿子上三年级，她问班里的一群妈妈们："到底要不要送娃上校外补习班啊？"妈妈们说："上什么上啊，我们反正要让孩子快乐成长！"后来她被校门口发小广告的机构老师拉进了一个试听群。进群一看，哇哦，你说巧不巧，那些"快乐成长"的妈妈们居然都在耶！这场面搞得像老熟人联谊，气氛和谐。在这种情况下，大家心照不宣，礼貌地保持安静，是为了他日可以体面地江湖重逢。

老母们之间的友谊大致可分三个等级：

初级（占比约70%），淡水之交，开家长会时见过彼此化妆后的样子，家长群里复制粘贴过对方的“收到，谢谢”。这种基础的友谊，不要去问学霸的妈妈：“你们都在外面上了哪些课？”她们的回答通常是：“没有啊，我都不管孩子的。”你问了也白问。

中级（占比约25%），客客气气，一起参加过校内运动会、亲子艺术节，加过微信，见面寒暄，除了问作业，没什么共同语言。这种情况也不要去问尴尬的问题，比如：“你们家孩子有没有报什么班？”对方会告诉你抢新股必中的技巧和拍车牌必中的诀窍，但迂回了三万八千里之后她依然不会告诉你孩子上了什么班。老母们也经常抱团取暖，互相礼节性吹捧，搭建不痛不痒的信息平台，当然，如果你娃成绩比我娃好太多，友尽。

高级（占比不到5%），成为死党，线下常见面，见面必交心，从吐槽老公到互夸孩子，建立稳固的共情基础，掌握各自私密动向，互相介绍七大姑八大姨小舅子三姨夫成为生意伙伴。最重要的是能一起研究补习机构哪家强，一对一老师谁更棒，分享各自娃的试卷，考前补习冲刺题库。你给她找语文名师，她给你找英语大咖，欣欣向荣友谊长存，最后达到一起报班的高度。

报班，听起来很俗，但它扎扎实实地压在老母们头顶之上，是逃不掉、避不开的重大话题之一。

中国家长们和校外补习班之间微妙又诡异的相爱相杀，已经连绵了好多年。

好多曾经虎视眈眈、发誓这辈子绝不送孩子上补习班的家长，过了若干年后疯狂打自己的脸，给机构付学费时动作娴熟，眼都不眨。

最近有个妈妈说："我暑假里的这条命是补习班给的。"她每天给孩子安排满了大大小小的辅导班、兴趣课，终于可以不用每天思考"今天怎么过"了。

也有妈妈说："要不是补习班，我的身体也不会这么快和我的钱包一样被掏空。"

过去：知识改变命运。现在：课外知识改变家长的命运。

课外班一边给家长续着命，一边又把家长的身体都掏空。课外机构、辅导补习，这些属于这届家长的专有名词，和中年危机一样依附着我们的灵魂，挥之不去。

所以你看，别管你本来焦虑不焦虑，只要跳进这片蓝海，你就得被同化。

三大魔鬼挑战——小升初、中考、高考，围绕这三大主题撑腰的补习机构不胜枚举。如果你孩子在三年级，他们会告诉你

“三年级是关键”，如果你娃在四年级，他则说“四年级是冲刺黄金期”，等你孩子到五年级，他说“现在马上拼一拼还是有希望的”。等进了中学，每一年都是“为中考做准备的关键一年”，不信你试试。

所以，校外什么都不学是基本不现实的，在这个基础之上，老母之间的情报网和战略合作优势就凸显出来了。这就是为什么顶级的友谊是以“连报班都替你想好了”为代表的。

我现在觉得，我都不是焦虑，是茫然，感觉像是周围人人都得到了武林秘籍，拼命钻研，而我只能在边上耍泥巴的那种孤独感。

于是和我同样有孤独感的老母们，都成了情比金坚的姐妹花，最后一起被命运捉弄，跟着一起去找武林秘籍了……

8

中年老母之间没有废话，每个字都是重点

有一次我去朋友家看她的二胎宝宝，一进门发现她精神抖擞健步如飞，一点也看不出是个刚坐完月子的二胎老母。看来现在养娃真的不怎么磨人啊，该干吗干吗。保姆时不时把孩子抱过来："该喂奶了。"老母亲行云流水地接过娃，行云流水地喂奶，喂完行云流水地还给保姆，保姆行云流水地抱着又去睡了。就好像秘书走进总裁办公室："这有份两个亿的合同需要盖章。"总裁知道这份沉甸甸的文件很值钱，但她也只是象征性翻一下然后签字而已，问多了也心烦。签完字，哦，不，喂完奶，她又和我开始了下一轮的吃喝唠嗑……想到我娃刚出生一个多月时我那个手忙脚乱的样，如果有朋友来我家，我打开门便会说：**"你好，请你 10 年后再来找我，我现在没空。"**我明明是想来看看她二胎生

活得杂乱无章，好让自己高兴高兴。可我看到了什么？温馨的家庭场景，有序的生活节奏，不哭不闹的小宝宝，一手包揽的专业保姆，笃悠悠煲着鸡汤喝着茶的爸爸，把我带来的牛排和沙拉横扫一空不留残渣而身材却已经恢复如初的二胎妈妈……这……这不是气人吗！

如此看看，养二胎没那么混乱辛苦啊！我为什么没生？是我错了吗……正当我开始酸了的时候，这位强撑倔强的二娃老母终于叙述起了自己的郁闷：“我想进城吃顿好的，我想出门游泳，我想把自己关起来工作，我想赚点大钱……但是有这个娃在，啥也干不了，唉……”你看，这才是一个中年妇女应有的素质嘛，秀完了幸福必须立马吐槽苦闷，这看似平铺直叙的表达，无须推敲用词，也没有煽情、过渡、铺垫，但每个字都是重点，瞬间让我恢复了愉悦，忍不住爆发出杠铃般的笑声。哈哈哈哈，幸亏我没生二胎啊！我不生二胎实在是明智啊！你看你拥有这么可爱的小宝宝，拥有会做饭的老公，拥有专业麻利的保姆……有啥用？有啥用？没自由，有啥用？哈哈哈哈哈哈！

除了自由，当然还有其他清奇的小忧虑。比如聊到二娃，你以为中年老母亲会聊吃喝拉撒睡这种废话吗，不，直接跳到三年后，开始展望新社交生涯——“我女儿上幼儿园时，我已经是个高龄老母了。”确实，没人家年轻，没人家健硕，还要和一群可能相差十来岁的家长交朋友。那意味着她可能将要一边和幼儿园里有着巨大代沟的家长们一起包粽子布置书架照顾小乌龟以及演戏跳舞参加拔河比赛和搞复活节派对，转头就要马上去和大娃的同班家长们研究小升初的战略分享补习班信息以及攻克奥数题，这切换力度真叫人头秃。实际上，现在她就意识到带大两个娃总要分时段择其重点，果断地抓大放小。比如女儿吐奶了怎么办？好的知道了没关系，但我儿子作业太少了回家没啥事干这可太闹心了……女儿老是哭闹不睡觉可咋整？好的知道了没关系，但我儿子的业余爱好令人迷惑真的让我苦恼……她跟我说："唉，我儿子放学后又要去打那个破高尔夫，这东西到底有什么好打的，搞不懂为什么要选这么冷门又怪怪的运动。……"

我能理解，这不是凡尔赛，这更近乎于某种下里巴人文体，是真的认为高尔夫没意思、假大空。但"儿子以及他爹喜欢"是一道魔咒，可以让一切选择变得充满爱且正确。她说儿子有一天回到家说："妈妈，一起打高尔夫的小伙伴约我去 ×× 场地打球。"孩子爹立马在旁边补充道："你知道吗，那个 ×× 场地只有会员可以进，会费一年 300 万起步……哦，我不是让你办卡哦，我只是让你了解一下。"就像秘书走进总裁办公室，不动声色地说："隔壁公司总裁秘书年终奖发了 100 多万……哦，我不是让你也发哦，我只是让你了解一下。"其实这听起来很刺激，我甚至想问，能不能带我们也进这个场地体验一把，后来想想不合适，因为我们不会打啊。我儿子长这么大，也只有在和他爹一起玩电烙铁时把锡球焊入电路板的瞬间才体验过什么叫进洞的快乐……我家孩子他爹连300块的羽毛球会员卡都嫌贵，说在小区广场打打更锻炼协调性。可不是么，一直要去河里捞球。**唉，人与人的差距就是这样了，人家不但有两个娃，还会玩高尔夫；我们只生一个的，却舍不得办张羽毛球卡。**

但再一想，孩子很实在，虽然他在该接地气的时候选了个高雅的运动高尔夫，但人家也在该高雅的时候选了个接地气的乐器葫芦丝啊！葫芦丝的真善美冲淡了高尔夫的假大空，构成了家庭育儿开销上一次有效的对冲，并突然把一个更丰满的大少爷形象支撑起来了。我觉得这真的不错，很有个性。可等我们聊完，她已经为我写好了赞美诗："人家的儿子会拉大提琴，参加过学校管弦乐团，也进过上海几大音乐厅，还出国交流演出……可我儿子呢，选了个什么葫芦丝，呵呵。"唉，其实我本来想表达的是："我儿子会拉大提琴，参加过学校管弦乐团好多年，也进过上海几大高规格音乐厅，还出国交流演出……但这又有啥用，上了中学还不是因为学业紧张忙得碰都不碰？"所以啊，妈妈们的交流，都是自带滤镜的，我们会把能够成为自己标杆和激励的那一面无限放大，把一些零碎的非重点自动剔除。**当你和一个老母聊**

中年老母的每句话都可能直击命脉。

天时，你有权保持沉默，但你说的每句话都会成为对方的弦外之音，久久回荡无法散去……就像我随口说了句“我准备在市中心买个老洋房过把瘾，将来也可以给儿子住”，或许在以前她会说“赞哦！快带我去看看”，而现在，作为一个突然有了女儿的人，她对我这句话产生了更为丰富的理解和遐想：“我女儿如果将来找了个拥有市区老洋房的男孩，会不会被婆婆瞧不起啊……”

果然，男孩的妈和女孩的妈之间，总有一条暗物质隔离带，彼此在对方眼中多少带了一点“亲家”色彩，能在对方身上找到很多未来应对亲家的技巧和切入点。

当你和一个老母亲聊天时，你有权保持沉默，但你说的每句话都会被对方视为征婚条件，并联想出好几种结局……如果你能认真聆听两位中年老母之间的对话，你会真的被这个场景感动。每一句话在对方眼里都是何等地被在乎，被认真理解，被赋予了很多附加值，而这种被珍视的感觉在我们老公那儿是得不到的，比如我跟老公说“你今天不收拾干净桌子就别吃饭”，到他那儿就只听到了两个字“吃饭”。只有在另一个老母眼中，我们的只言片语才能成为如考纲般严肃的重点内容，被反复品味、理解、斟酌、反馈，并能举一反三、反复琢磨，寻觅蛛丝马迹，就像对待期末必考的高分题一样。而每一句在我们看来普通又平常的废话，在对方眼中可能就是一个可以改变她思路和方针的转折点。

以前有人说“生不生二胎，是夫妻俩共同协商的事”，我觉得片面了，生不生二胎很大程度上取决于你周围的老母对你的影响。老母之间相互的刺激、激励、追赶、向往、推动，永远是最浓重的影响。

9

凡尔赛文学，老母必修课

“凡尔赛文学”一夜之间火了起来。什么是凡尔赛文学？简单说，就是用最低调的言语，不经意地流露出“贵族生活线索”，表达最高调的炫耀。

其实很多年前，凡尔赛文学就已经被细化过了，包括大家熟悉的“绿茶派”和“名媛派”，都是凡尔赛分支，只不过少了点文学性。这次经过各路炫富“名媛”们的努力，终于让文学回归文学！更棒的是，也不局限于“贵族”，就算你月薪两千五，也可以大胆地说：“好烦啊，又发工资了，上个月的两千五还没用完呢！”然而说到“炫富”这件事，小孩子才看“有没有钱”，成年人只看“除了钱还有啥”，比如妈妈们，她们还有娃。于是，中国妈妈在这块精神文明洼地也终于有了开采机会，让我们一起来见识一下中年妈妈界那些“看了上头，不看难受”的凡尔赛文学范文。

第一类：羡慕体凡尔赛文学

“我儿子真的不听我话，真的，一学习起来就不要命，让他出去玩他要生气的。你们家儿子多好，活泼、自在、会社交，羡慕啊！唉，小孩子成绩那么好有什么用，童年都没了！”

优秀回复示范：“好啊，让我家儿子去找你家儿子玩呗，保证帮他找回童年。”

“你家孩子多省心，也不大用你管，我真羡慕你那么悠闲。你看我，天天被孩子牵住，这不，又被选上明天上台发言，后天还要领奖，我又要给她准备登台的衣服啊，鞋子啊，好烦，没一刻安宁。”

优秀回复示范：“上次登台的衣服鞋子穿不下了吗，几年前买的？”

“真羡慕你家娃作文写得好，我家孩子作文不行，虽然数学、英语、物理都考全班第一，但语文拖后腿，总分才第二，唉，你们作文怎么培养的，教教我？”

优秀回复示范：“你应该去问那个考第一的，人家毕竟是第一。”

“你们气色真好，我不行，我晚上休息不好，都怪我儿子，11 点半作业早做完了还不肯睡，非要看书，非要做课外卷，真是太影响我休息了！烦死了。”

优秀回复示范：“那建议你白天睡觉，晚上通宵陪他做卷子。”

“你们的孩子都好成熟啊，我真的被我家那个幼稚娃气死了，总是哭唧唧，这回期中考试，英语笔误扣了2分没能拿满分，哭半天还打滚，太烦了，怎么才能让她成熟一点？”

优秀回复示范：“哭一次揍一顿，很快就成熟了。”

第二类：担忧体凡尔赛文学

“女孩子长得好看真麻烦，我女儿动不动就说有男生表白，我孩子也不懂拒绝，就直通通和人家男生说‘别影响我学习’！这情商将来还不给心机姑娘们打压得死死的呀！”

优秀回复示范：“这情商还有男生喜欢？”

“总感觉现在孩子耐挫性差，该怎么给娃培养点耐挫能力呢，考试和比赛都拿前几名，连长跑都是第一，没有经历过挫折，以后走上社会怎么办？”

优秀回复示范：“现在就送社会上去吧，准能受挫。”

“儿子又多一张奖状，我们家一面墙都挂不下了，我只能藏到抽屉里，很担心孩子知道了会不高兴，毕竟他把荣誉看得很重，这不太好。我老公说要不换个大点的房子吧，我说太大了空

我儿子 这次考砸了，
才考第三名。

荡荡也不好，他说没关系，如果嫌房子太大我们可以再生一个。”

优秀回复示范：“吓我一跳，还好是换房，我还以为你要换孩子呢。”

“叛逆期孩子到底怎么管啊，好难，我就希望儿子健健康康平平安安，学习好坏无所谓，偏偏他自己很在意，太要强了。高考还考了个省状元，我要他在省内读大学，反正毕业也是回家继承家业，他偏要去北京读清华，现在的孩子都这么叛逆吗？都不知道该怎么教了。”

优秀回复示范：“建议你再生一个，挫挫他的优越感。”

第三类：鸡汤体凡尔赛文学

“孩子是用来呵护的，不是用来打鸡血的。我从来不‘鸡’娃，也劝大家不‘鸡’娃。我娃今天很不开心，她哭了，钢琴考级没得优秀。但回家后她笑了，花样游泳二级运动员的证书拿到了，英文诗歌比赛也入围了决赛，还有手绘漫画得了二等奖，要送到区里展出呢！”

优秀回复示范：“所以钢琴有多少人得了优秀？”

“每个孩子都是上天的恩赐，静待花开吧。昨天孩子他爸爸带他去刚承包的马场学骑马，一学就会了，玩了一天还不够，不过耽误了橄榄球训练，但孩子的快乐才是第一位的，不是吗？”

优秀回复示范：“是，反正橄榄球队缺了他一点问题也没有。”

“对孩子要有耐心，要管住脾气，虽然这一点很难做到，但是我一直在尽力。我从来不对孩子大吼大叫，她上次那个得奖作文里说我是天下最温柔的妈妈，把我感动坏了，还有上次那个得了冠军的英文演讲，写我的那段也是主要写我脾气好、讲道理。”

优秀回复示范：“他会用数学函数来表现你脾气好吗？”

第四类：联动体凡尔赛文学

“我家老二也不知道像谁，话痨，被英语班老师选中去参加歌舞剧选拔了，一点都不像他哥哥。他哥哥是个闷葫芦，在他弟弟这么大的时候只知道看书，看一两遍就能口述500字的作文。奇怪了，这哥儿俩怎么一点都不像。”

优秀回复示范：“还真是，不会有一个是抱错了吧？”

“我女儿糊里糊涂这毛病真不能再惯着了！那天我急着去接她哥哥放学，让她把车钥匙给我拿出来，到了车库发现她把路虎钥匙带出来了，我说这是爸爸的车钥匙，我的奔驰车钥匙呢，她愣在那儿发呆，气得我接她哥哥又迟到了，还好老师帮我看了一会儿孩子，还给他吃了小点心，国际学校真的很贴心呀。”

优秀回复示范：“上门口菜小就不用开车接了。”

第五类：抱怨体凡尔赛文学

“我老公从来不管娃，赚那么多钱做什么？孩子上台拿奖的时候他在吗？出国游学连去哪个国家都不知道，领奖学金的时候他还看不上那点小钱，呵呵，只知道砸钱，谁稀罕他那点钱！”

优秀回复示范：“就是，这还不离婚太憋屈了！”

“我现在压力太大了，老师动不动找我，说让我去给家长传授经验，让我写写育儿心得，我哪有什么经验心得，我工作这么忙，昨天刚从迪拜见了几个客户回来，今天马不停蹄要参加学校家委会的活动，明天又要给 500 人做报告，孩子都说我累瘦了。”

优秀回复示范：“太不像话了，这学校不能待，退学吧。”

“现在的保姆真难伺候，我让她多练练英语口语，她在上一家练的口语都不正宗，我们家现在基本都伦敦腔，就她一口马来西亚味儿，我也没要求她必须伦敦腔，只要尽量贴近，但她说她干不了，撂挑子了，呵呵。”

优秀回复示范：“就是，这年头真不能指望保姆，要创造纯正语言环境你得给娃换个伦敦爹。”

第六类：比惨体凡尔赛文学

“我儿子期末带病上的考场，这次考试完蛋了，最后一道题都是撑着做完的，第一次没有得满分，孩子回家都哭了（流泪表情）。”

优秀回复示范：“还不如不去考，得零分也就没遗憾了。”

“我白头发又多了，自从孩子被选上参加那个国际头脑奥林匹克（OM）竞赛，我经常倒着时差给他找材料，也不知道有用没用，但老母亲尽力了，我们就是这么苦命，唉。”

优秀回复示范：“估计找的材料都没用吧，否则不用一直找。”

第七类：自责体凡尔赛文学

“我真傻，真的。我以为课内语数外都满分就够了，没想到中学还要加试音体美，想当年美术老师可觉得她是个好苗子啊，光成绩好有什么用……都怪我没想周到，只让她学了钢琴，十级过了又怎么样，还是偏科啊！”

优秀回复示范：“当年美术老师见谁都觉得是好苗子。”

当听到这些凡学经典时，我们内心可能毫无波澜，甚至淡淡飘出一句“呵呵”，然而仔细琢磨一下，中年妇女的“凡尔赛文学”多数是真情流露，藏也藏不住。用一句话来概括就是：我也想低调，但实力不允许啊。

“完了，体重怎么又降了，要保持在100斤，不能再瘦了。”

“真年纪大了，全马成绩一塌糊涂，我还是去跑高原马拉松吧，竞争对手少，排名比较好看。”

“每次剪头发理发师都说要给我打薄，嫌我头发太多，好烦人。”

“我越来越懒了怎么办，每次躺在床上就不想起来，要打扫400多平方米的院子光想想就心烦。”

“买衣服太难了，哪里有靠谱的缩胸手术？”

“你看我老公买的那破钻戒，太大了，一看跟假的一样。”

“结婚七年果然爱情没了，自说自话给我买DIOR，我喜欢的那款LV说了好久他不往心里去，我才30多岁就没了爱情。”

凡尔赛文学的奥妙，就在于所有人在这里面是相通的，只要有人是凡尔赛的玫瑰，就有人是凡尔赛的肥料。谁当玫瑰谁是肥料？别争了，轮流来吧。

10

一个女人从朋友圈消失，可能只是因为她的孩子长大了

前两天跟一个远房亲戚闲聊，她问我：“好像很久没在朋友圈里看到你儿子了，他最近怎么样？”嗯……怎么说呢，我儿子挺好的，但不至于好到能昭告天下；他也有问题，但也不至于大到能发个通告。

孩子长到一定岁数，性质就从“孩子”变成了“家人”，也许是我们开始尊重隐私，更多原因是他脱离了“工具人”的功能，不再是能给妈妈的社会地位添砖加瓦的小帮手了。哪怕偶尔想在朋友圈“凡尔赛”炫耀孩子时，我们都会先掂量掂量，别人家更优秀的孩子还低调着呢，我们高调个什么？更何况他还没什么能拿出来炫的东西。**孩子是一把双刃剑，他能让你成为社交场**

上一枝花，也能把你变成社恐卑微豆腐渣。

孩子一大，爹妈也跟着少了很多童趣。以前可以陪孩子一起装疯卖傻，朋友圈里布满了一家人其乐融融的温馨场景。孩子大了之后，也不是我们不其乐融融了，只是煞风景的时刻也多了起来，而且随机。比如在任何晴朗的好心情下，只需一句“**作业还有多少**”就可以泯灭踏实和安逸的关系，双双跌入现实。

总不能老发朋友圈唠叨：“愁！作业还有一大半”“谁知道如何火速提高作文成绩”“票圈大神我想请教下怎样让孩子提高效率”……

再不行就是鸡汤：“比我娃优秀的娃还在努力，我娃有什么理由不努力”“又给孩子报了三个班，加油！”怎么，你还想做带娃界的微商啊？

所以有些事不需要努力也能实现，比如“不再晒娃”，我们丝毫不用克制自己，水到渠成。孩子长大这件事，很难在社交平台上有什么具象的进度表。当一个女人从频繁晒孩子到不怎么发朋友圈，这其中真不见得有什么大风大浪，大起大落，大喜大悲。她很平静、很自然、很顺畅地过渡，因为没太多新内容可以晒的，她的孩子拒绝配合拍照了。

孩子还是小时候好带，真的，要珍惜。孩子小，带到哪儿都是焦点，干什么都有人迁就。孩子不一定是婚姻的纽带，却肯定是亲朋好友们的纽带，逢年过节大家聚会本来没啥话题可聊，只要有个小朋友，全程可以担任气氛组——来，背首唐诗好吗？唱首歌吧？做个游戏怎么样？

有天我就随便跟5岁的外甥客气客气，问他：“你会背什么诗啊？”没想到他一点也不客气：“我给你背诵一首最长的，十六行的，古诗！”然后他磕磕巴巴、慢条斯理地开始背，等十六行全部背完，我手里那杯可乐的气儿都没了，我微笑的脸也已经僵硬，但还要想出一些成语来对他进行点评和赞美。虽然辛苦，但这全程10来分钟时间，至少避免了和一桌大人10来分钟的尬聊。但凡餐桌上冷场，就开始逗孩子玩，准不会出错，多好啊。

但是孩子大了可就不能这么用了。餐桌上冷场，冲着那十来岁的儿子说：来，给大家背个《出师表》好吗？根据黄金分割比例给大家算一下维纳斯身高是多少吧？再给大家演示一下楞次定律怎么样？不带这么玩的。倒不是孩子不会，而是……大人们根本问不出这些问题。于是，有大孩子的餐桌上，大人能问出来的问题只剩下：**考试考得怎么样？作业做完了没有？**

假期里的朋友圈是有规律的，热衷于发“带孩子去拜年”“带孩子去公园”“带孩子去赏花”的家长，他们的孩子基本上平均年龄不超过8岁。小孩子的妈妈每天都会想：“今天去哪儿玩？”

不是妈妈不想晒娃，

是娃不让妈拍照了。

大孩子怎么办？想给他制造新鲜感真的很难，春节假期这么多天，我和娃同时踏足的地方最远就是离我家不到一公里的图书馆。彼此都感到了仁至义尽。

我和孩子爹大晚上在书房里翻看云盘里的老照片和视频，他时不时发出感慨：“那时候儿子还奶声奶气的，话还挺多。”

我也跟着感慨：“儿子一年级时就说过相声，台词功力堪称天赋异禀，没想到长大后离曲艺界越来越远了。”

我们两个中年人回忆着儿子的幼年时期，搞得像七八十岁的老两口在想念远在异国他乡的游子似的。可我们的儿子就在距离我们5米的房间里看着他的《傅雷家书》，仿佛在跟他爹遥相呼应。

孩子大了，最省心的就是待在家，我还企图敞开心扉跟他从诗词歌赋聊到人生哲学，最后发现还是从寒假作业聊到了寒假作业。以为孩子大了我们能聊的话题多了，其实不是这样。小孩子只是没那么犀利，只有当孩子大了，他才开始释放你与他之间代沟的信号。

孩子一大，我们对自己也质疑和不自信起来，时常强烈感觉自己落伍了，有时只是因为和儿子看法不一致而已。孩子还是小时候好，妈妈永远是对的。

我开始意识到，能在朋友圈里晒娃的那些妈妈，正处在人生中容易放肆的一段日子，我们应该呵护她们的放肆，因为终有一天她们也会因为没啥能晒的而体会到失落、沮丧、困惑。我看过有人在孩子 2 岁多时常发孩子背诵唐诗和乘法口诀的朋友圈，妥妥天才神童的样子，我很期待看着这个神童慢慢长大，成为精英。可惜在孩子上小学后，她还是消失在朋友圈了。

但只有看着朋友圈里别人家可爱的小朋友慢慢长大，我们才能意识到自己家埋头于学业的那个少年，曾经也是无忧无虑的小朋友；才能意识到他也还是个孩子，得多一点宽容。所以作业就这样吧，做不完算了。

你看，妈妈就是这样成长起来的。

第二章

妈妈分两种，自信的和盲目自信的

世界上有三种人：男人，女人，家长。

家长可以不分雌雄，但在很多层面会因为孩子而被分类：可以按学习成绩好坏分类——牛爸牛妈 VS 渣娃父母；可以按心态分类——鸡娃家长 VS 佛系家长；也可以按照教育目标分类——985 家长 VS 藤校家长 VS 其他家长……

不当一回家长，很难获得二次成长。在这个圈子里，有人发现了前所未知的新世界，有人见识了不敢想象的新天地，也有人结识了原本八竿子打不着的新朋友。种种这些，构成了中国家长生存空间的多元性和扭曲性，他们时而会傲娇，时而怀疑自己，时而想放弃，时而又垂死惊坐起。每过一段时间，他们仿佛都要受到全新教育理念的洗礼，接受全新教育改革的磨砺。他们从中经历困境，体会纠结；他们也从中抱团取暖，又相互厮杀。他们一起成为剧场里前仆后继的起立者，也一起跳进表面风平浪静、底下却暗流涌动的水中。

这是一场极其生动的人生大戏，只有当了家长，我们才能细细品味，好好渡劫。

1

妈妈分两种，自信的和盲目自信的

世上的妈妈分为两类。第一类觉得自己孩子天赋异禀，骨骼清奇，秀外慧中，必成大器。第二类觉得自己孩子天赋异禀，骨骼清奇，秀外慧中，必成大器，但在孩子上了一年级之后感觉只剩下骨骼清奇了；三年级之后就只剩骨骼了；再过几年就开始计划生二胎，练个小号重新来，但由于懒，没生。第二类还有一个分支，就是真的练了个小号，于是重复了一遍第二类的生活。但总有一些人，你很难给她归类。她可能始终不放弃自己是第一类的信念，也始终不接受自己是第二类的现实，于是在 1.5 类这个平行空间里追逐着薛定谔的学霸。比如这位给我留言的妈妈：

“十三姐，刚接到数学老师微信通知，一年级第一次测验结果，班里 14 个孩子 100+10 分，16 个孩子 100 分，很不幸，我家那个就是16个中的一个。上周第一次语文测验孩子分数是99分，而班里有6个100分，她也不是第一梯队，第一次测验不应该都是满分的吗？我接受不了这样的事实。能写篇文章分析一下我这类妈妈的心理吗？初为一年级家长，我实在理解不了孩子为什么考不了满分。第一次没拿满分是不是代表着学习天分就不怎么样了？”

我给大家把这位妈妈留言的关键部分列出来了，看一下这位家长的逻辑：

“很不幸我家孩子不是100+10分”；

“我接受不了第一次考试不得满分”；

“一年级不考满分是不是代表学习天分不怎么样”。

字里行间就是孩子让她失望了，孩子在她的预期中应该是最拔尖的那个，“为什么会这样，老天为什么这样对我，太不公平了……”

说真的，一年级对于很多妈妈来说，简直是一门玄学。它可能是“母慈子孝”与“刀光剑影”的分水岭，有的妈妈在这一年信念完全被颠覆了，有的则在这一年戴上被一众家长羡慕崇拜的光环。这一切也没啥规律可循，好像全看造化。

每一个成年人，多多少少会在孩子上一年级时有所期待，情绪不稳定也是正常的。绝大多数家长都对自己孩子一年级的表现充满自信，直到第一次考试出成绩。需要“平稳度过一年级”的不是孩子，而是家长。

TALK
Show
不知道为什么
有的孩子明明那么普通
妈妈却那么自信

我觉得每个家长的自信都是有道理的。比如我家云配偶就总是对自己的数理化很自信，导致只要儿子理科没考好都埋怨是因为我的基因拖了后腿。

但我也没意见，毕竟对于儿子的作文、英语、艺术、审美、情商等许多方面，我也很自信地批判他爹稀释了我的优良基因。

你看，我们这种看起来很普通且互相不待见的中年夫妻，却总是觉得自己比对方优秀，对方配不上我。所以每次有人问我“能不能只生孩子不结婚”时，我都告诉她：“不能，那样你就找不到出气筒和背锅侠了。”

其实不论什么人，都在某种程度上迷恋自己以及自己的后代。有了小孩，你就会更加明白，你的小孩哪怕再普通，你也不会甘心让他贴上普通的标签，总有一段时间你会觉得你的孩子是最好看的、最聪明的，TA 一定是个神童。在学习上，发挥失常进个 985，发挥正常进常春藤，只要他愿意，稍微发挥超长一下就能成为人类领袖，万一成不了，那一定是他淡泊脱俗，深藏功与名。然后你就千方百计去铺路，只为不埋没你家神童的天资和光彩，于是你开始焦虑了：一个人类领袖，一年级的时候考试居然只得了 100 分，而不是 100+10 分，这真是人类的损失啊！当妈的能不捶胸顿足嘛！

自信通常由两部分组成，一是天赋细胞，二是后天认知。

有人觉得自己天然牛，有人则觉得在我认知中我应该属于最牛的那一个。这位家长大概属于后者。

她的认知就是一年级必须考满分，否则就是没有学习天分。唉，她如果知道她十三姐夫 30 岁才开始学五线谱，现在已经能弹卡农了，那她就不会因为一年级的第一次考试而如此焦虑了。

其实这些自信啦，焦虑啦，主要是因为一年级的考试内容太简单了，到了高中一年级她期望孩子考满分的心态就会逐渐摆正，因为自己看不懂的东西就没底气要别人拿满分。

以前我经常听到这样的抱怨，觉得自己孩子没有拔尖，家长就不开心了。但是你的孩子为什么必须拔尖？希望各位先摸着自己三截外翻且下垂的肚腩中的一截，想想以下问题：

我在公司里的绩效是不是每个月都第一？

我的收入是不是同龄人里最高？

我的身材是不是最曼妙的？

我做饭是不是最好吃的？

我的才艺是不是最出彩的？

我的驾驶技术是不是最强的？

我的人缘是不是最好的？

我找的另一半的基因是不是也是最佳的？

……

思考完这些之后，再想一想你的孩子生在了你的这样一个普通家庭里，却要担负起成为最棒小孩的重任，“海燕哪，长点心吧！”**买一千张彩票也不见得能中一张，你才生一个娃就铁定能中奖吗？**

各位妈妈，世界上的人类精英群体只占2%不到，剩下的98%照样活得不错，其中包括你和我。所以，先别老希望孩子成为人类精英，我觉得先成为你们家的精英是比较现实的；也别总觉得孩子背负着拯救人类的重任，我觉得你先能拯救自己才是重点。有功夫因为孩子的一两次考试而伤春悲秋，不如多提高下自己吧，先从自己这代崛起，别老想着孩子的分数给你多少面子，得多考虑考虑你能给娃带来多少面子，以及能留多少遗产。

2

百因必有果，你的妈妈就是我

经常有一些人问我：“十三姐，你揍娃吗，用什么揍？”这种问题让人很难回答。我说不揍，你们会失望；我说揍，显得我灌输暴力。当然，揍不揍这个问题本身也没那么重要，但关于**“妈妈和孩子的相爱相杀的关系”**这个话题，我觉得可以聊一聊。

我特别羡慕别人家那种慢条斯理的妈妈，她们在任何场合对待自己的孩子都如沐春风，不知道怎么修炼出来的。我儿子也偷偷羡慕过别人家的妈妈，他小时候曾形容过某位女孩的妈妈是“神仙妈妈”。为什么呢？只因为有一次，那女孩把可乐洒进笔记本电脑键盘里之后，人家的妈妈慢悠悠地飘过来问孩子：“哎呀，你们没伤着吧？”然后，她选择微笑着原谅电脑。而我儿子得不到这种待遇，就算他喝白开水洒一地，也会被我当头棒喝：“怎么回事！你是漏斗啊？！”唉，想到这里，我觉得我儿子太难了！但是他没得选，就像我也没得选一样。套用一句话——**百因必有果，你的妈妈就是我。**

现在的孩子承受的东西，比我们小时候多多了。如果我是他，未必表现得更好。我在上幼儿园的时候，好像不需要学会整套拼音和100以内加减法；我读小学一年级时，没要求能背出几百首古诗词；我读小学三年级时，不会被要求解那些大人用方程式才会解的数学题；我小学里不会花几乎大半个周末做带动画的PPT，以及练习声情并茂的演讲；我在小学毕业前没有考过各种眼花缭乱的英语考级和口译证书，也没有被要求在学以上这些的时候还必须学一门乐器、会两三种运动项目，以及最好还学点前沿科技以备未来不时之需……

我们小时候没交作业绝不会第一时间被爹妈知道；考试没考好至少还有机会涂改试卷上的分数；不会在小学的时候就提前学初中的知识，在初中的时候提前学高中的内容；我们小时候，学校的课程就是教育的全部，现在连学个课外英语都要分成阅读的、口语的、应试的、出国的；我们小时候，妈妈顶多会把“别人家的孩子”当成诗和远方，只是树一个虚幻的榜样在那儿而已，而现在的爹妈，是真心把每一位被老师表扬过的王子涵、张

道理我都懂，

可还是当不好一个妈。

梓萱、陈梓栋、徐子皓……作为实实在在的标杆，来对比自己孩子眼前的苟且……

这届小孩，真的比我们那届惨了不少啊。纵向对比下，可能会觉得孩子比自己更优秀一点。

想到这里，是不是会收住那只准备抽过去的手？当然，知道归知道，我们心疼孩子一秒，不等于下一秒不会举起手中的鸡毛掸子。**这可能就是“道理我都懂，可还是当不好一个妈”系列。唉，失落是一定会有的，或早或晚，或深或浅。**

我以前常告诫刚刚送孩子进入小学的妈妈们：你们平时没事的时候别只知道吼娃，要利用闲散时间学习做饭、煲汤、刺绣、制作甜品……不要觉得这些小事是浪费你们的时间。当孩子全面赶超你的那一天到来之际，当你放下让你眼前一抹黑的语数外理化生时，至少还有能力去给他做饭、煲汤，给他缝缝扣子，为他做做蛋糕，以此来加深情感，并缩短你们之间的距离。

我有个朋友就很有先见之明，她去报了一门“情商课”，我问她孩子马上要小升初，她哪来的精力？她说：“我用情商课学到的知识去填补训孩子之后产生的亲子裂痕，亡羊补牢，为时不晚。等到有一天我不能训孩子了，还能用在情商课上学到的‘小女人之发嗲战术’去赢得孩子的关爱。”**孩子不知道的是，妈妈永远有一整套的战略战术在安排，有完整的套路体系在等待。**

我一个朋友有一回跟我吐槽：她家1岁的孩子整天满地打滚，黏着妈妈陪她玩，快被烦死了。我很严肃地对她说：“6岁之前，养孩子就像养小狗，吃饱喝足陪他玩耍就足够；6岁之后，你要用脑，用体力，用已经放下多年的学习热情，甚至用生命，去带一个孩子。”她听完以后，瞬间觉得自己的孩子太可爱了，并决定好好珍惜这段宁静的时光。

所以，亲子关系这件事真的完全取决于妈妈这一方。孩子是无力选择或反抗的，不管你是仙女妈还是爹毛妈，孩子对你就一个字：爱。同志们，想到这里便应该放下鸡毛掸子立地成佛了。

3

能文能武好家长，每逢佳节必上场

我的一个朋友是位很有主见的全职妈妈，为了让孩子少做点作业，她给娃选了一所以“素质教育”为宗旨的学校，她逢人就说：“我们不鸡血，我们快乐教育，我们学校轻松愉快，家长在一起聊的都是快乐的话题！”这是9月份入学时她的状态。如今，近4个月过去了，最近我们连她人影都找不到，前几天聚会她千呼万唤始出来，跟我们说：“我忙得四脚朝天！尤其是最近！”“你在忙什么啊？”“忙女儿班里的圣诞节活动……先不说了，我得去检查圣诞活动的装饰品，还要敲定活动流程和节目表，哦对了，还要送给全班小朋友人手一份自制圣诞小西饼，我的模具还没买呢，都来不及了……”说着发出一张图，“你们看看人家妈妈准备的，创意圣诞树和姜饼。”

这年头没点特长，

都不好意思参加孩子学校活动，

除非孩子是学霸。

一张美不胜收的图片震惊四座。

这番操作令桌上一个还没有娃的妹子十分感慨，她说："现在的小孩可真幸福啊，我长这么大都没好好过过一次圣诞节……"

我安慰她说："没关系，赶快生个孩子吧，有了娃之后，你不仅能正儿八经地过上圣诞节，还能十分隆重地过万圣节、感恩节、元宵节、端午节、中秋节、植树节、重阳节等所有在你知识范围内的节日……"

"是因为孩子们喜欢过这些节吗？"

"不，因为你孩子的学校可能会在这些节日搞活动。"

所以说嘛，家长忙不忙并不取决于孩子进什么学校，鸡血家长忙着陪读辅导做卷子，不鸡血的家长忙着参加各种素质教育的活动，总之不管孩子读啥学校，家长都得先成才，至少每逢佳节，家长真没法闲着。普通人过节就是字面意思，家长过节是"孩子以及孩子所在班级和学校希望怎样来过这个节"。

别人的国庆节是国庆节，老母们的国庆节是制作国庆小报＋指导"国庆节 ×× 之旅"的撰写。

别人的劳动节是劳动节，老母们的劳动节是制作劳动小报＋摆拍"我帮妈妈做家务"图片及视频。

别人的音乐节是音乐节，老母们的音乐节是统计报名＋编排节目＋组织集训＋筹建后勤组＋搞定海报＋到处拉票。

别人的文化节是文化节，老母们的文化节是……是真的……必须很有文化才能配合学校过好这个节……

这些还是正常的节，家长们参与也就参与了，但总有一些运气爆棚的家长，会碰到一些奇形怪状的“过节作业”。

有个朋友说，在她儿子上幼儿园之前，她从没想过自己会过“国际气象节”这个节日……就在那个节日的前一天，家长们忽然收到老师通知：“请孩子们明天带一个与全球气候变暖和温室效应相关的手工作业，形式不限。”她一晚上懵在那里，不知道这个作业该怎么交。后来孩子爹说：“就带一盆水，告诉老师，这是冰川融化后的结果。”

孩子搞活动，一家全出动。孩子一过节，家长就渡劫。

人家每逢佳节倍思亲，家长们是每逢佳节扒皮抽筋。一到各种节庆和学校大型活动，家长们都相当于找到了一个巨大的舞台展现自己无处遁形的才华、超高的工作效率、超强的学习能力。我朋友说，儿子学校有一次为了庆祝母亲节，宣布整个那一周不留家庭作业，让孩子们多陪陪妈妈。家长们喜出望外，感动至极！当大家沉浸在这温存慵懒的气氛里不能自拔时，突然！老师通知母亲节要搞个小活动，什么主题？没定。什么形式？没定。什么效果？随便……结果一群家长突然从沙发上蹦了起来，连夜召开紧急会议，决定不能让自己孩子班的母亲节活动过得比其他班级寒酸！于是整个班级分工明确、有条不紊地开始了母亲节活动大策划，加班加点好几天，制作PPT，写赞美诗，分小组排练，配乐，布置教室，做KT板……那阵仗比在单位参评优秀员工临时抱佛脚装样子的阵仗都大，做事之靠谱、细节之用心，工作都没这么拼过。

各种传统节日对家长来说还只算个起步，更锻炼人的还有各种各样的学校活动、小队活动、主题活动。

相信每个人的朋友圈里总能出现那么几个优秀的家长，能云淡风轻地用只言片语描绘出他们可能掉了好几把头发才搞成的各种高级活动，比如——

“学校要求小队搞活动，老母亲们三天内迅速完成选曲、练习、合唱，进录音棚录制。妈妈们被训练得能弹琴、能编导、能摄影，最后还要能剪辑视频，并把最终效果发布在公众号上……”

“学校要求小队活动，远的不说了，上个月的主题是爱粮节粮，好家伙，我们几个老母亲迅速托人联系到金山区的稻田，组织孩子们去割稻子，还要全程跟拍做摄影师，并要做后期大图修片师。”

“学校搞中国文化月，每个班分一块区域装饰校园，我们班一群家长从设计到采买再到现场布置，花了三天时间，终于把我们认领的那块地方送上了好评榜的榜首！”

“儿子学校的运动会，竞技场上比拼的不光是孩子，还有家长！开幕式上老师要求做出‘新颖别致孩子喜欢’的主题着装，家长们喜羊羊、灰太狼、跳跳虎、维尼熊、哆啦A梦全上阵，可惜还是败给了隔壁班‘奥特曼全阵营’的家长团……”

“学校举办世界文化周，展示各国服装，家长们巧手齐上阵，从定主题到设计再到裁剪，全面展现家长才华……”

“学校的环保节服饰大赛，竞争异常激烈，我的‘尿不湿包装袋母女裙’和‘气泡袋维密秀’应该能得奖吧？”

还有些家长，一言不合就“承包”了学校的各种课，比如剪纸课、厨艺课、插花课，不是一次玩票，而是长期服务。我有个朋友，孩子学校每学期都搞一次义卖大会，她每一次都要为招揽生意而在自己班级货架边上摆个摊现做现卖，每次还不重样，从章鱼小丸子到鸡蛋煎饼，从鲜榨果汁到自制奶茶，在家不做饭的女人一来到校园里就成了明星大厨。

我一个同学，孩子上学后她考取了心理咨询师证，然后进了家委会，每月出一期心理健康班刊，一期两大页，发给班里每一位同学。在此过程中，她那寡言少语的老公——一位资深理工直男，负责帮她寻找案例和插图、打印复印，两人的感情在工作中逐渐升温。

你看，不能携手满足学校需求的爱情，就是一盘散沙。

感情正在变淡的夫妻先别急着离，不妨再等等，等娃上学了，在各种活动中你们携手并进，在各类佳节中你们共同进步，相信用不了多久，你们的感情可能会迎来第二春。

二孩家庭的婚姻是不是看起来更稳定？那是因为所有节日和活动他们都能过两遍，如果说第一次是不知山有虎，那第二次就是偏向虎山行，这样的铿锵友情夫复何求，值得他们再生一个。

4

当代老母迷惑行为大赏

不当一次妈，绝对意识不到自己的戏路与天赋；不把娃带完K12 全程，绝对找不到自己的顶峰和底线。

比如我当年，为了让 5 岁的儿子在英语拼读班上不哭，跟外教老师深入交流了许久，没能想出解决哭的办法，却和老师建立了深厚感情，最后还带领 20 多人的外教团队玩遍了江浙沪……

看来，对一个妈妈来说，孩子上课哭不哭也没那么重要，妈妈因此发现了自己的另一种价值，这个挺重要的。

妈妈们很多迷惑行为都是以母爱之名开始，以自恋行为收尾。那些深藏不露的价值，往往都是在她们有了孩子之后才浮出水面。其行为的迷惑程度，超越你想象。

我有个女同事，有一天把一个粉色头发的娃娃头带进了公司。这个娃娃头无论放在哪个角落都有辟邪的作用，晚上镇妖除魔还防贼；白天，它则担任模特的角色，用来给女同事练手。

公司里女娃的妈妈们利用午休时间，为使自己成为一个信手拈来的梳辫高手，开设了**“发艺速成培训班”**。甚至一些男孩的妈妈也加入了学习，技多不压身，万一参加学校艺术节当后勤，也能给女孩妈妈们搭把手，赢得赞誉。

她们创造出不同的辫法来搭配孩子的不同服饰，让孩子在各种节日用不同的发型来展现风采，成为全班乃至全校的“造型担当”。妈妈们分工有序，包括了创意设计、技术指导、后期制作等工种，专业度和执行力堪比“美容美发学校”。

中式的、法式的、古罗马式的、西西里风情的、波西米亚调调的，尽在掌握。当幼儿园老师愉快地拍下她女儿两周不带重样的脑袋，并发到群里表扬妈妈手艺的时候，她感觉人生到达了巅峰。

这种走火入魔的“浸入式学习”热情，不分场合不分时间地陷入新技能练习和新手艺学习的行为，就是当代妈妈的迷惑行为之一。

这只是一个初级阶段，随着孩子长大，妈妈们的迷惑行为层出不穷、与时俱进，并越来越高级。

我有一阵子特别喜欢买粉粉的小东西，朋友们见我如此少女心爆棚，都很羡慕。但她们却不知道，这些粉粉的小篮子和小筐，最后的归宿是用来装我的五金工具：钳子、扳手、螺丝刀和电烙铁。

养娃使我成长，孩子的小汽车和奥特曼，修修补补又三年，每年也能省下“三五斗”。

几年之后，我除了电焊技能输给孩子他爹之外，其他方面，水管、地漏搞得定，直流电、交流电分得清，榫卯结构、钢结构都能驾驭，随时可以考个证。

每个来我家做客的人，都喜欢欣赏我的“少女感工具箱”，这最适合被称为“中年妈妈双重人格交汇”的吉祥物。

除了我这种太武的，也有文的：抄《心经》。

前30年碰都没碰过的文房四宝，如今在家里有了至高地位。

我朋友，临床医学出身，没娃时天天跟人讲医学理论、科学诊治，有了娃之后，对我说：**“你没病，你就是被娃气的，你抄经吧。”**

现在她经常在朋友圈发这个，每晚用《心经》《地藏经》《妙法莲华经》为大家带来陪读后洗净铅华的灵魂升级，以获得身心的大飞跃。

抄经这种行为归根到底只是自我调剂，还不够刺激。

我朋友圈里有些妈妈动手能力非常强，给孩子止血消毒敷药的小视频都发出来了，那手法、力度恰到好处，犹如一个行医30多年的老大夫。

然而，我们这些小技能还不够迷惑，有超能力的还在后面。

我的朋友，她女儿生来就有一大特长：能吃。不但能吃，还对吃很挑剔。妈妈太伤脑筋，天天就琢磨怎么给女儿做吃的，怎么让她吃得舒服，简直无法好好工作。于是她辞职了，挖了一个高级厨师，在家门口开了一家餐厅。

她从连煎带鱼都要戴面具的小姑娘，成为一个能掌勺满汉全席的老板娘。然后她开始释放自己的这种超能力，不管跟谁聊天，上来先教对方做两道拿手菜。就连她的朋友圈也是一本详尽的菜谱大全，她每天在朋友圈里分享各种菜谱，传授做菜秘籍。这一切转变，她只用了不到两年的时间。

女儿上小学后，她还当上了营养师，现在全班乃至全校办活动和聚餐都去她的店，生意火爆程度堪称当地一霸。

这"养娃使我创业致富"系列真实迷惑行为大赏，让人叹为观止。比这更令人拍案叫绝的还有呢。

前几天一个读者告诉我："为了有人陪我闺女玩，又不想生二胎，我组建了本地最大的儿童活动团体，团员从我闺女幼儿园的同学，发展到现在小学里的同学，积累了将近3000人，覆盖2

岁到 10 岁人群。”

迷惑不迷惑？一个原本养尊处优的全职太太，有了娃后突然成了女性创业豪杰，最关键的是，几乎不盈利，还忙得团团转，纯图一个“为了有人陪女儿玩”。

另一个妈妈，为了让孩子上个放心幼儿园，自己在当地开了个幼儿园；后来孩子要学跳舞，她又开了个舞蹈班。目前幼儿园 300 多名学生，舞蹈班 500 多人，一跃成为教育界先锋了。

是孩子，让妈妈变得独具慧眼，挖掘出了灵魂深处的各种天赋。

以前拧个瓶盖都哼哼几声的，有娃后，集八级钳工和资深老司机于一身，兼具活导航功能，一个漂亮的甩尾能胸有成竹地躲避摄像头，送补习班的路上从不掉链子，技术高度堪比秋名山车神。

以前咳嗽一礼拜都懒得吃药，有娃后，只要娃打个喷嚏就能分析出他是细菌感染还是病毒所致，心里早已经画出了西药化学分子式和中药病理成分图，该吃啥药、一天几顿倒背如流。

以前连周末去哪儿玩都懒得想，有娃后，孩子的 12 年教育规划、家庭资产配置 5 年计划、动产不动产管理流向等，尽在掌握。

以前买菜都不问价，有娃后，为了薅培训机构羊毛专门加入各种群，讨论性价比，分享得第二件半价如同捡到了钻石。

一个妈妈就是一本读不厌的百科全书，

只有你想不到，

没有她干不了。

以前社恐，出门都戴口罩，有娃后，成了社交名媛，和班主任、各机构老师、各大育儿群群主建立了异常坚固的塑料友谊，拍起彩虹屁来面不改色心不跳。

以前笃信科学，是唯物主义代言人，有娃后，只相信世上两大永恒：仙气支撑我的肉体，不生气拯救我的灵魂。

中年妈妈的迷惑行为，是一本永远读不完的奇书。

5

别惹中小学生家长，他们学习起来自己都怕

十三姐夫是一个数学爱好者，并常常引以为傲。比如每当我想让他洗碗、拖地、倒垃圾的时候，他就会说“我在做题啊”，字正腔圆、趾高气扬。

在我们家里，只有说出那句魔咒“这道题怎么做”，他才会瞬间从厕所里跑出来；而我，也只有在听到那句魔咒“这个字怎么读”时，才会慈祥地飘到他们面前，一家人整整齐齐，学习。

大家各自为树立在这个家里的地位而不断努力着。学无止境这件事从小就被洗脑，但只有在当了父母之后才真正明白，并融会贯通。甚至有些东西你并不清楚为何要学，但就是莫名其妙地学会了。比如“各种恐龙生活在哪里？分别叫啥？体重多少？属于哪个时期？”

奇怪的知识增加了。

这些知识正在证明好多家长不见得是真的爱学习，只是被迫营业，但赢在了演技好。**保持学习状态是成年人的挡箭牌，是为人父母最后的倔强。**

中小学生家长每天能有25小时，完成一天所有事之后，似乎还有多出来的1小时来完成生命不能承受之轻——学习，学习，学习。

注意，不是陪孩子学，是自己学。

朋友圈里有个姑娘发出了这样的疑问："感觉时间真是紧迫，哪怕不加班五点半下班，到家七点左右，做饭、收拾、散步、倒垃圾，做完已经八点，运动+敷面膜到九点，洗澡、洗衣服、刷刷手机就十点了，然后看会儿书，就快一点了。这要是家里再有个孩子，我的天，那要几点之后才能有自己的时间呢？伺候他吃、喝，给他洗澡，哄他睡觉，上学了还要辅导功课，做做手工亲子作业什么的，简直太没有自己的时间了。那些又当辣妈又带孩子又自己创业又读书念了个斯坦福什么的，到底是怎么做到的？简直是神。"

我挺想告诉她，那些有娃后又创业又读斯坦福的，大概率是为了获得正当理由不用带娃，所以当了妈之后才会明白，学习也是中年人的保护伞。

每个家长都将意识到，

自己的知识巅峰可能还没到。

但毕竟创业当女老板又读斯坦福的是少数，大部分家长还在九年制义务教育中挣扎。同时，作为素质教育的漏网之鱼，当年欠了的债现在都得还。

有一次儿子接到一项音乐作业——用装水的容器敲出乐曲。他翻出了家里所有的碗，实验了大概一百次！经过仔细研究推敲和不断反复试验，最后！终于！来找我求助了。

我教了他转调、扒谱、调音等一系列专业操作，手起刀落，作品出来了。

妈妈们问我："这个难吗？"

我告诉她们："不难，你只需要懂一些物理知识，再懂一些乐理知识，再拥有一些专业设备比如钢琴和调音器什么的，并且舍得浪费水……就真的不难……"

她们跃跃欲试，虽然学习能力很强，但不争气的是家里的碗。一个老母说："我家碗太厚了，最高音不够高，我马上去网上买一套新碗。"那么如何向卖家描述自己要买什么样的碗，就是一大难题了——

"店主你好，我要买一套碗，要求空碗的音高是小字一组的G，装满未经过滤含矿物质的自来水后音高是小字一组的C……"

也许店主听完就羞愧难当，弃店而去了。

在一个为了和娃比肩、不断培养自己综合素养的家长面前，所有人都能瞬间黯然失色。他们比任何身份都更多元，比所有角色都更多变，这就是中小学生家长。来学习，你怕了吗？

学习不但是家长自我成长的唯一途径，更是获得存在感的最佳手段。只要表现出一副时刻沉迷学习不可自拔的样子，就很容易收获友谊。当然，如果表现出沉迷学习不可自拔但怎么学也学不好的弱鸡样子，那么人缘就会更好。

老母们平时在朋友圈发一张 P 了半小时的美照也许只能收获二三十个赞，但你发个数学题求助，瞬间就能有一两百个留言，一个比一个聪慧。

这届家长深知学习在生活中方方面面的必要性，所以有时不得不硬着头皮上。

我认识一位妈妈，听说小学课程将有变化，她先给自己报了个 Scratch 课程。下班后带俩娃还要交编程作业，经常被老师催作业，仿佛又找到了大学重修高数的快感。

有人为了不让自己的英语水平被孩子赶超，自觉努力学英语，见缝插针。打开他的手机，映入眼帘的除了入门款的背单词软件，还有高阶的原版阅读 APP。

这位兄台如果当年也这么认真，可能已经以雅思 9 分的成绩笑傲江湖了。看着现在如此认真的他，谁能想到背后隐藏着一个当年连四级都考了三次还没过的英语渣？

这些已经不重要了，重要的是活在当下。

当你以为一个中年人端着手机是在玩游戏、看影音、买买买的时候，其实他们可能正在学习少儿绘本、少儿英语、少儿书法、少儿配音、少儿口算、少儿学习方法启蒙指导……

人生很难有快速重生的机会，除非成为一名家长。

其实大多数家长，还没意识到自己学习起来有多狠，当他们意识到的时候，都能把自己吓一跳。

多数学书法的小孩家里都有一个一直在打怪升级家长，自己会从字帖 1.0 版（庞中华，练字槽）到 2.0 版（瘦金体、灵飞经），再到 3.0 版（钮利刚），再到 4.0 版（二玄社）……

多数学围棋的小孩家里都有一个天资聪颖但开发过晚的家长，深入了解小林光一、大竹英雄、武宫正树，连吴清源逢战必读的《道德经》，也能成为该家长全新的生活宝典……

多数学英语的小孩家里就更别说了，肯定有一个不是北美口音就是伦敦口音的家长。

那些随着孩子长大而不断提高的作文要求，从 400 字到 600 字再到 1000 字，家长在各种写作手法的摸爬滚打中提升自己。为了积累好词好句指导孩子，每天默背 50 条名人名言，以备不时之需，最后一张口都是心灵鸡汤。

家长自我学习肯定是有好处的，好处之一就是当你发现自己啥也没学好的时候，对孩子也就不会那么苛刻了。坏处是万一你学好了，就觉得这孩子太笨了一点都不像我。但反过来想，孩子学不好也没关系，大量的潜力都留到他以后自己当了家长再挖掘，为时不晚。

6

中国有一亿家长正在假装有文化

2020 年我看到了一组关于“中国陪作业家长”的统计数据：“中国约 4.52 亿家庭中，有超过 1 亿的小学生，超七成家长每天辅导孩子作业时间超过 2 小时。”

我掏出了计算器，仔细分析了一下这组数据。有 1 亿小学生，算上二孩的家庭和极少数三孩家庭，现存少说也得有 1.5 亿小学生家长吧。那么，七成就是差不多 1 亿左右。也就是说，目前中国大约有 1 亿成年人，每天晚上要花两小时投身到小学知识海洋里不能自拔。多么宏伟壮丽的画卷啊！这些陪作业的家长，凑到一块儿相当于一个俄罗斯，两个韩国，五个斯里兰卡，三千多个摩纳哥……如果把他们集中起来，这 1 亿家长可以填满北京上海广州深圳重庆五座城市。想象一下，一到晚上，万家灯火，全在学习，你将会被惊艳到：中国最大的城市里所有人都捧着一堆小学作业，1 亿人同时拍抓耳挠腮、发飙怒吼、桌子跳脚，就问你这场面震撼不震撼？**到时候从月球上俯瞰地球，能看到宏伟的长城，古老的金字塔，以及正在陪读的 1 亿中国家长……**

这项调查还说："在辅导作业这件事上，妈妈往往是主力军，爸爸次之。全国有八成的妈妈，每天在辅导作业的时候，都十分暴躁。"

就算 1 亿陪作业的家长中只有 60% 是妈妈，其中有八成脾气不好，那么，就有 4800 万的妈妈每天晚上都在暴躁中度过。如果把她们组织起来，放到珠峰上去发飙，喜马拉雅山可能会瞬间雪崩甚至被夷为平地……就问这场面你怕了吗？

对于暴躁陪作业，别想得太悲观，大多数妈妈的暴躁和易怒都会随着时间推移而逐渐好转，直至自愈。**因为孩子年级越高，妈妈陪作业陪得越少。**

等孩子到了初中，这 1 亿人会马上缩减到 500 万，因为 95% 的家长已经厌倦了作业、看不懂作业。到了娃上高中，真正能坐在娃身边认真陪作业的家长，可能会缩减到只剩 1 万。而另外那 99.99% 当年盛气凌人的家长开始自觉回避，因为他们不得不给孩子自由，他们不想因为看不懂题而被孩子赶出来。到了那一刻，他们内心只剩一句座右铭：**作业很高贵，我不配。**

家长陪小学生写作业时，

不要太暴躁，

因为等孩子上了中学后，

你只配对自己暴躁。

大家应该敬佩的是最后那1万人，他们陪作业大多是浸入式的，基本都是自己找快感，整个人生都在不断自我反刍。至于那些陪作业时态度恶劣的，他们大约只能在小学作业上发威，所以能量释放比较集中，对身体的损伤也更猛烈。这些正在假装有文化的暴躁家长，应该更多被关注，那些卖生发产品的、卖保健品的、卖保险的，可以重点关怀这批人。

小学生家长暴躁那是本能驱使，基本没有什么技术含量；初中生家长暴躁至少说明他有参与学习的资格，多多少少有点知识分子的底子；高中生家长如果还能暴躁的话，那别管三七二十一先敬你是条汉子，还能找到合适的发飙点。**孩子年级从低到高的成长过程，正是家长姿态从高到低的滑坡历程。**我身边很多高中生家长，凑到一起切磋的话题是：如何调节孩子心态；怎样让孩子放松；什么汤更有营养；最近有什么户外活动可以一起组织一下……只有小学生家长才会神气活现地挤兑：“气死我了！还有什么补习班能报？”

暴躁家长在发作的时候永远以为自己是宇宙之巅，说的全都对，做的都有理，还觉得自己无比伟大，并为自己正在为之衰退的身体而唏嘘。尽管如此，无法遏制暴躁的时候，我们还是放自己一条生路，该发的火还得发，毕竟憋着更容易憋出毛病。**作为妈妈，暴躁恐怕就是融入血液中的一种母爱的体现吧。**但过几年之后，大家就会嘲笑下一批以为自己在宇宙之巅的家长：幼稚、低级，呵呵。你的孩子算不对加减乘除，拼不对单词，读不对生字，这有什么好暴躁的啊，只要默念**“再过几年就该他教我了”**，你就会对孩子产生一种微妙的尊敬。

我认识一个妈妈，她甚至能找出孩子化学作业里的错题！但她依然很低调，她告诉我，在陪作业之后，她偶尔会喝酒解压。

这大概就是醉生梦死型陪读吧。

于是我就想，比我厉害的妈妈陪读都尚且需要喝酒解压，我还有什么理由不胆怯呢？于是，对于偷懒逃避陪读，我越来越坦然了。在那些捡来的时光里，我能每天花5分钟多读书、多看报、多学习、多思考，再花一小时多吃点甜品，真的脾气好了很多，那泛着油光的发际线上仿佛又长出了小绒毛。

7

这位家长，你除了加减乘除还会点啥？

有一阵子，我家孩子爹一反懒散常态，突然一头扎进了知识的海洋，喜欢拿儿子的难题出来挑战自我。

每天晚上总有那么一刹那，是他拷问灵魂的时间，坐在家里的小白板前面钻研难题，冥思苦想，抓耳挠腮，沉溺在知识的海洋里无法自拔。等他想上岸的时候，才发现一半是海水，一半是沙漠，要么淹死，要么就钻个洞把头埋进去，当一只油腻的鸵鸟。

幸好，每一次他都化险为夷，最终把题做出来了。

这位名牌大学的理科尖子生最近时常流露出一丝焦虑：这才小学，我就已经把半条命搭进去了，掐指一算，未来还有八九年的时间要陪儿子拼杀，我这条老命不知道还能不能撑到儿子考上大学啊。

然而我心里有数，陪读是一场耗命战役，普通的家长都有九条命，一年一条绰绰有余。

因为糟糕的情况并不会愈演愈烈，会在达到一个峰值之后就回归平和。这个峰值基本上是在小升初阶段。

你也许无法理解。我做一张表给你看，你看了可能就明白了。

家长与孩子辅导学习共生关系表

	小学阶段	初中阶段	高中阶段
家长	对知识体系驾轻就熟，对待孩子脾气暴躁，连吼带骂	节奏开始紊乱，着急上火，偷偷翻资料才能辅导孩子	干瞪眼，连题目都看不懂，退居二线甘当保姆
孩子	委曲求全，一声不吭	在一次次失望中摸清了父母的文化水平	独立学习，学习已经和父母没关系，他们是文盲

这张表告诉我们，大多数家长只有在小学阶段陪读时才容易情绪暴躁，擅施淫威，那是因为他们知识水平有限，小学知识还能应付，到了初高中还能辅导学习的家长越来越少，你见过几个爹妈能随口咆哮出楞次定律、布尔代数、闭曲面分类？

不客气地说，很多家长，除了加减乘除，啥也不会了。

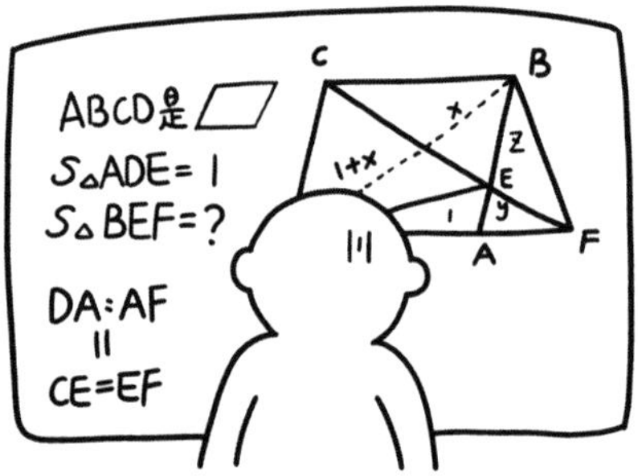

教育是最好的磨刀石，

磨平每个自信成年人的棱角。

自己有几把刷子，

在娃上了四年级之后基本就知道。

还记得儿子刚上小学的时候，我陪娃学习的积极性也非常高，发誓打破“陪读是一种可怕体验”的江湖传闻。然而故事的发展极具戏剧性，此后的一两年中，我无法自控地出现头痛脑热心悸等症状，最常做的事就是拍着桌子大吼，吼完再陷入无尽内疚之中……

可是，自打儿子升到了高年级，学了一些有难度的东西，我对儿子变得越来越温存了……

比如有时候他蹦跶出来一两个英文单词，我要反应半天才想起来是啥意思，我这样一个掌握多国语言的高才生，已经感受到了儿子的威胁，于是我欣喜若狂对儿子又搂又抱：“哎哟，我们儿子出息啦，懂的比我还多，已经能去国外独立生活啦！”

大多数家长在对待孩子学习这件事上，都会逐渐由粗暴转变为温存，低年级的知识，还能运筹帷幄；高年级的知识，只能放任自流了。

自己都不会做的题，我们装看不见才是自救之路，否则冲上去硬要辅导，结果发现自己比孩子还笨。我们不要面子的啊！

最破坏亲子关系的事之一，就是我辅导孩子学习；而最能挽救亲子关系的事之一，就是孩子辅导我学习。

尤其是到了初中和高中，家长们基本已经完成了由凶悍的棍棒式爹妈向贤良淑德的慈母慈父转变的过程。

但是这又出现了一个小问题：家长的脾气是没了，可孩子的脾气却见长啊。

我见过好多初中生，尤其是面临中考的孩子，脾气都很大，学业压力已经很重了，父母稍微有点啰唆，孩子就发脾气。

更重要的是，孩子觉得你们现在既辅导不了我，又对我管东管西，心里很窝火。

我的一个朋友是数学老师，我总觉得老师的孩子学习一定不差。谁知道，她的儿子成绩一直不温不火，尤其是英语拖后腿。如朋友所言："自己的孩子，自己辅导不了，还没说三两句就想揍人了，这学习氛围太不安全，也不和谐。儿子常说，这么难的东西做错很正常啊，难道你都会做？妈妈，你一个小学数学老师，懂什么初中英语啊？"

结果每周要花几个小时去别的老师家里补习。

试想一下，在某个周末的早晨，你发现儿子精神不振，目光呆滞，你问他在想什么，他说："我在想，钨酸钠晶体加水溶解后再加入锌和稀 H_2SO_4，反应生成一种蓝色氧化物且没有 H_2 产生，如果用酸性溶液滴定这种蓝色氧化物，完全反应后共消耗酸性溶液 24 毫升，这个蓝色氧化物是什么呢？"

此时你能说什么？你敢说什么？你们将会陷入一种诡异的气氛中，孩子带着失落又委屈的表情："哎，反正你们也不懂，我去问同学吧。”

一想到这里，我的教育观受到严重锤打。不是说父母是孩子最好的老师吗？

要当好这个老师，必须从小学开始回炉重造，否则半途自己就先辍学了，还怎么当孩子的老师啊……

大家不由地感叹：我们当父母的，在小学阶段还能应付的时候多发发脾气，不然到了高中，真的是都要被孩子吼回去的。

正所谓，出来混，迟早是要还的……

已经黔驴技穷的家长们，热衷课外辅导，从来都没停过。

每到周末，大街小巷都是无可奈何的父母和精疲力竭的孩子，一个个面无表情，如植物大战僵尸一般杀进各大补习机构。

这是一种多么费时费力又破坏感情的事啊！孩子需要的是一位靠谱的家庭教师，一位全方位解决孩子学习和心理问题，并且不需要耗费大量时间就能高效提高学习成绩的好老师。

8

当倔强老母遇到叛逆儿子

详细说下这件倒霉事，好让大家再多开心开心——我儿子期末考试作文跑题了。他以驷马难追、当仁不让之势，把作文写得非常自嗨并跑题，直接被扣了一半的分！哈哈哈哈，怎么样，开不开心，欣不欣慰？这篇驷马难追的作文是怎么写的呢？

题目为：《阅读让我 ×××》——半命题作文，简直是送分题。看到这标题，我心中燃起了熊熊火焰，数百篇满分作文在我脑海中前呼后拥，拿起儿子的作文题目一看，人家写的是**“阅读让我大开眼界”**。

也行啊，也可以，也不错。然而，从标题之后的第一行开始，他就不是那个状态了……

“这几个月，学校读书节热烈开展，各种活动异彩纷呈，同学们踊跃参与，络绎不绝，争先恐后，让我大开眼界。”

您这是参加成语大赛呢？看到这儿，我懂了，10分已经没了。

“最热门的活动莫过于辩论赛，精心设计的辩题，有面对性格迥异的君主的选择，有遵循前任还是独辟蹊径的人生规划，还有对凤尾还是鸡头的判断，选手们唇枪舌剑，引经据典，奇袭规则与幽灵选手，都使人为之一惊。”

成语大赛冠军出线了。但是您到底为之一惊个什么啊，请问？一百多字写完了，阅读的主题还没出现呢。看到这儿就知道15分已经没了。

接着他又绘声绘色、如临其境地描绘了一个又一个读书节里的活动，词汇量倒挺丰富，就是一句都没提“阅读”，也没提“我”。要是改个标题“一次难忘的读书节”兴许能获奖。标题一共八个字，其中最主要的四个字都消失了……

文章的最后，以又飒又硬的小学生式感叹句收尾——

“读书节，既让人看尽选手英姿，又让我了解各种新知，真是精彩万分，大开眼界！”

深情点题，终于把跑掉的题给重重地点了一顿！这是在提醒阅卷老师：请注意，我写了半天都没点题，但是我用大师笔法把读书节活动描写得绘声绘色，令人向往，字里行间都呈现了团结紧张严肃活泼的气氛，多少也给点人道主义分数吧？呵呵，写啥啥不行，跑题第一名。

我拿着这篇千疮百孔的作文对儿子说："你写作文不用看着标题写吗？"他说："我觉得我写得挺有特色的。"我竟无言以对，确实有特色，特色就是跑题。我说："你这个暑假就跟着我来练习写作！"

他说："我觉得作文这个东西是一个很自我的东西。"

WHAT？

呵呵，孩子大了，哲学思辨能力和他爹一样强。真是写啥啥不行，跑题和叛逆并列第一名。

当你拿起你家娃那蹩脚的作文朗读一遍，先别急着说孩子，在心里默默想一想我儿子那十分有特色的作文，你是不是会忽然觉得自己孩子还挺优秀的？一瞬间家庭和睦了，亲子关系融洽了，整个暑假熠熠生辉了。

然而，作文跑题这件事发生在我家……用孩子他爹的话来说："难以启齿，难以启齿。"一秒钟之后他趾高气扬地伫立在我面前，对我说："你看，我辅导的数学，考得不错吧；你再看看，你辅导的作文，啧啧啧……"

唉，这事他能循环播放一个暑假。但这能怪我么，作文写不好不是我的错，是孩子他爹稀释了我优良的文学基因，导致了娃不开窍。我跟孩子爸说：“暑假看来要猛攻作文了！”

他用温柔的余光瞥着我：“暑假就是用来玩的，玩好，作文才能写好。”呵呵，果然不出所料，他的至理名言又出现了——暑假就是用来玩的。

没有错，论叛逆，孩子他爹真是一枚鼻祖。放暑假，一般老母都要关照孩子几句注意事项，但我通常是先关照孩子他爹，毕竟他心里住着一个叛逆少年，平时就不走寻常路，寒暑假尤甚。

在娃放假之前，我给孩子爸爸宣教一下“假期三条硬规”：（1）不得宣扬“放暑假就是应该玩”的理论；（2）不得诱导孩子把作业堆积到最后一周再做；（3）不得在孩子面前跟妈妈唱反调。

放暑假之前，把这三大方针打印出来，一式两份。

然而，出发点是好的，执行力是差的。孩子他爹能做到的极限，顶多是配合捧哏。

我语重心长地对儿子说：你赶紧的，把暑假作业抓紧完成。

孩子他爹：嗯，对！

我：早点完成作业，你就可以多读读课外书，弯道超车！

他爹：没错！

我：做事不能拖，早点做完早解脱。

他爹：可不是么！

你可以管住一个叛逆的娃，

但很难控制住一个叛逆的爹。

我：你妈我小时候，暑假作业用了两个礼拜就完成了，后面一个半月纯玩！

他爹：就是！

说完这些，感觉儿子若有所思（和以前每一次暑假之初的表情一样），但我觉得他只是若有所思而已，并不一定真的会听我的（和以前每一次暑假结束时的糟乱情况一样）。

我话音刚落，伟大的相声表演艺术家孩子他爹拍拍儿子肩膀说："走，我们先骑车去逛个黄浦江。"

你看，孩子不贯彻，他爹不落实，我一个人念叨，常年独孤求败。

我觉得在这个家里，我代表着伟光正，代表着国家的教育方针、百年大计，代表着人类进步的方向，而孩子他爹，永远扮演着那个叛逆少年。

这个叛逆少年，十几年了，一直没有出离青春期。

十年前，三九严寒我要给孩子加件衣服预防着凉，他都要叛逆：小孩子要多冻冻，多着凉几次不就习惯了？

上了小学，孩子写作业拖拉被我教训，他也要叛逆：作业有什么好做的，考试能考出来不就得了？

小升初前夕，我焦头烂额忧心忡忡，他也要叛逆：有什么好焦虑的，家门口的学校读读不也挺好？

进了初中，孩子读书压力大，他也要叛逆：成绩有什么重要的，能顺利毕业长大成人不就行了？

更别说每次寒暑假了，他把这当成是保留曲目：暑假就是用来玩的，为什么要趴在家里做作业？

没错，叛逆很好，你很有个性，小伙子。

可惜你还是输给了一个人，那就是你儿子他妈。

因为只有孩子他妈才知道出来混迟早是要还的，而你这个叛逆小子理解不了这种阵痛，反正每年8月的最后一周连夜陪娃疯狂赶作业的人不是你……

为了让孩子爹理解暑假作业的严肃性，昨天我发了一张阅读清单给孩子他爹，让他在暑假结束前把这些书读完，并且每本书写8篇读书笔记：

《三国演义》《人类群星闪耀时》《堂·吉诃德》《我这一辈子》《偷影子的人》《摆渡人》《雾都孤儿》《钱穆谈中国历史文化》，以及英文原版的以下书籍，每本做完整阅读笔记和读后感：

《夏洛的网》(*Charlotte's Web*)、《追风筝的人》(*The Kite Runner*)、《在月亮下面》(*Under the Moon*)、《歌剧魅影》(*The Phantom of the Opera*)、《世界上最冷的地方》(*The Coldest Place on Earth*)、《象人》(*The Elephant Man*)、《别了，好莱坞先生》(*Goodbye Mr. Hollywood*)、《哈克贝利·费恩历险记》(*The

Adventures of Huckleberry Finn)、《五镇故事》(*Stories from the Five Towns*)。

孩子爹盯着看了足足5分钟，然后他说："给我三年时间，也许我能看完。"

没错，毕竟他**《百年孤独》**看了六年多，**《白鹿原》**看了四年多，**《枪炮、病菌与钢铁》**看了三年，**《从一到无穷大》**看了快两年了才看到第80页，全书共293页……

看着他失落得如同失败者一般的表情，想必已经陷入了对自己阅读毅力和时间管理能力的否定与自责之中，时机正好，在他情绪陷入低谷的一刹那，我骄傲地告诉他：

"你觉得困难吗？你感觉没时间看吗？你认为太多太难了吗？告诉你吧，这些都是你儿子的暑假作业，还不包括数学及其他……"

孩子他爹抱着这张清单热泪盈眶，这是什么？还有我插手的地方吗？

唉，作为一个家长，无助的最高境界是：不是我不陪孩子学习，而是我想陪他学习的时候根本插不上手。

此刻，他终于意识到，他的名言"暑假就是用来玩的"这句充满叛逆的狂言，此刻显得多么不现实，何等幼稚。

过暑假是一项大工程，完成它需要家长（主要是妈妈）孜孜不倦地摸索（看看还有什么补习班可以上）以及纠错（制止爸爸的不良干扰）。

如果爸爸们真的不懂暑假对于一个老母意味着什么，各位除了参照以上方式给孩子多布置点暑假作业之外，还可以让爸爸认真学习一下这句话：**为娘的世界里没有字面意思。**

9

中年夫妻的纯友谊，只有在陪读中才能更持久

俗话说：“十年修得同船渡，百年修得共枕眠。”我看还得加上，千年修得共陪读，万年修得陪读完了还能开心地共枕眠……凡是能和谐陪读还顺便增进了感情的夫妻，那都是修炼有道，就快成精了。

很多夫妻平淡如一潭死水，有娃后一地鸡毛，火上浇油，刚有点不想将就下去了，突然，娃上学了，夫妻俩在陪读中建立起了新的联盟，化身战友共同奋战，5 年过去了，7 年过去了，夫妻俩双双成了拥有纯友谊的学霸。类似小时候班长和团支书那样美好的关系。

有天晚上送儿子去上乐理课，我和孩子爹坐在马路牙子上等

孩子下课。那晚月色朦胧，微风阵阵，他陷入沉思，一言不发，像一个老实巴交的相亲男。

我主动搭讪，问："你想啥呢？"

他说："我在想下午儿子问我的那道题，我还是想不通到底怎么回事。"

我说："你可以现在趁他不在，偷偷研究下。"

于是他含情脉脉地拉起了我的手，坚定地在我手心写下了那道题。

路过的大姐们纷纷投来异样的目光，她们肯定在想："哼，大半夜的，俩人在这儿秀什么恩爱呢！"而我，只想举起手掌让她们长长见识，大姐别误会，你们想歪了，我们在做数学啊……

在那个深秋的夜晚，什么都不足以支撑起中年夫妻的内敛情感，中年夫妻间最真挚的独白只有"这道题怎么做"。**这就叫"执子之手，与子学到老"**。

如果不用辅导孩子，夫妻俩能有啥话题？——早饭吃啥？中饭吃啥？晚饭吃啥？……多么没营养的夫妻生活啊。

但陪读之后就不一样了，夫妻讨论的话题都是有深度和内涵的——零是有理数吗？这个反比例函数题目是不是出错了啊？原子光谱到底是什么？……

他们真正地成了对方的知己——知道自己这也不懂，那也

不会。

老夫老妻消失多年的彼此仰慕之情，或许就在发现对方还能清晰地记得数学公式和物理定律时重新出现。

但老夫老妻的默契和谐，或许也就在发现对方连一句五年级古诗都背不出，或是八年级英语阅读都看不懂的时候轰然崩塌。

孩子的学习不是学习，那是家庭气氛的风向标，夫妻关系的指南针啊！

试想当你正在为看不懂孩子的试卷题目发愁时，正在为配偶不能分担辅导任务而生气时，正在为别人家里都有深藏不露的高手爹妈而懊恼时，孩子爹突然跑出来说："你去休息吧，这里交给我了！"

这感觉不是友谊回来了，简直是爱情回来了。

中年夫妻在陪读路上，讲究的是说学逗唱，哦，不，是望闻问切，随着孩子知识量的提升和年龄的增长，我们越来越不敢贸然行事。

有次看到儿子趴在桌上许久未动笔，我气势汹汹地跑进去准备发火，这时儿子突然问我："妈妈，这道题怎么做？"

我对着题目看了 3 分钟，然后说："想吃水果吗？吃苹果还是橙子？"

这就是陪读妈妈的道歉方式。

自从孩子上学后，

家长的夜生活也变得更有文化了。

然后派云配偶去干预。如果他陷入困境，我们就会产生同病相怜之情；如果他能辅导得好，我就会对他产生仰慕之情。甚至会把他的解题过程拍照留档保存，以备生气的时候拿出来看看，觉得又能原谅他了。毕竟，家里需要有一个能给娃辅导数理化的。

但不要过于乐观，陪读并不一定百分百增进夫妻感情，它也有一半的可能性摧毁友谊。

孩子学习认真、成绩好，夫妻俩更容易琴瑟和谐，互相贴金；孩子学习如果吊儿郎当、成绩一塌糊涂，夫妻俩只能撇清基因关系，互相抱怨，而且互相看不惯对方的辅导模式。

有一次，孩子他爹陪读体质发作，非要给娃讲难题。他先是一个人趴在茶几上研究半天，发到各个学霸群里求助，甚至求助于网络……好不容易才算出了答案。

然后他雄心勃勃地跑进卧室，准备给孩子上课。只见他口若悬河，滔滔不绝，废话一大堆，干货没几句。

5分钟后，我再进房间一看，听不懂的孩子和说累了的爹，已经一起睡着了。

你看，这样的陪读质量，还不如放爱一条生路。

5分钟前刚建立起来的崇拜和敬仰，随着这一幕的到来，荡然无存，别人家的爸爸怎么那么会辅导孩子？

不辅导娃功课还好，一辅导就会亮起友谊的红灯。

孩子前阵子语文成绩下滑，做阅读理解老是跟读天书似的，我跟孩子爹说：“兄弟，你饱读诗书，满腹经纶，你去给孩子开开窍吧！”他说：“大妹子，你学富五车，才高八斗，还是你去辅导一下他吧！”

然后我们俩抢厕所，抢家务，抢着给猫铲屎，能赖则赖，能溜则溜，好不容易建立起来的内部团结，在那一刻令人心酸。

当然，陪读就像夫妻俩一起办了个终身贷，再苦再难，最终不得不一起承担、还贷。

10

不能容忍孩子不优秀是个什么心态

有一次我在知乎上看到一个问题："不能容忍孩子不优秀是个什么心态？"题主是个8岁女孩的妈妈，她说自己从小在父亲严格要求下长大，虽然一路品学兼优但父亲很少表扬她，总是挑她的不足，导致她至今总觉得自己不够好。现在她有了孩子，她不希望孩子重蹈覆辙，成为一个"优秀但不快乐"的人。看到这儿还觉得挺感人的，但这个时候转折出现了，她说发现孩子没有按她的要求做时，她会坐立不安，害怕没有管束好孩子，将来无法面对人生……

果然，她的精神创伤导致历史重演，她还是重蹈覆辙了，这大概就是传承吧。每一个有心理问题的孩子背后都有一个问题家长，但大多数家长不觉得这是问题，因为"我从小也是这么长大的啊”，不是好好的吗。

其实开头的问题是个伪命题，哪个家长愿意接受自己的孩子不优秀呢？从题主的描述来看，这个问题应该这样理解：题主所谓的不能容忍孩子不优秀，其实是不能接纳孩子的瑕疵，这是两码事。

一个班里总有优秀的，有良好的，有合格的，还有不合格的，这才和谐，如果大家全部都是优秀，你的焦虑会更大啊，你品！其实很多家长有着同样的困惑，他们也许平时不好意思承认“我要把孩子培养成精英”，因为怕“万一失败”，大话说出去了不好收场，于是我见过不少人说：“我要求不高，也不要孩子成为什么人类精英，能进 985 就很满足了。”这个“自谦式凡尔赛”真的挺不好笑的。全国每年能考取 985 的人数占总考生人数的 2%，就算是 211 也只占 5%……所以，很多人口中跟玩儿一样说得很溜的“要求不高，上个 985 就行”难道是把自己摆在上帝视角来俯瞰中国高考吗？

可能有些是出于自信，但还有一些纯粹是不了解自己孩子。搞不懂为什么有些家长明明自己那么普通，却总认为自己基因产下的孩子一定是非常优秀的，甚至是精英之才。

现在很多“学前教育”其实是为了取悦家长。比如画画，老师会用套路带孩子完成一幅画，家长一看，我的天哪！我孩子的绘画天赋与生俱来，将来会成为千年一遇的大艺术家！包括那些所谓的奥数班啊、英语早教班啊什么的，每一个都以各种形式给了家长无限兴奋的理由，让他们从中看到孩子被无限放大的闪光点，以为自己生了一个天才。但很快，放眼望去，大家发现马路上好多天才啊！这时候家长开始焦虑了。作为天才的父母，如何让我家千年一遇的天才不输给其他平庸的天才？于是这些父母就开始追求更卓越、更优秀，不断加码加压。

被“取悦”过的家长，将萌生出很多不切实际的想法，觉得自己的孩子必然是某个领域的精英，但又吃不准到底是哪个领域，于是让孩子不断去试错，试错过程中又接受不了孩子“不是这块料”的事实，一旦发现这个“神童”有所残缺，就感觉是对爹妈基因的侮辱。

这其实就解释了知乎上那位妈妈的问题：“不能容忍孩子不优秀是个什么心态？”她的孩子真的不优秀吗？也许只是不完美，不面面俱到而已，但在她的眼里，那不可接受，因为她看到了很多优秀的孩子，也看到了自己孩子身上总是存在的缺点，存在不如别人家孩子的地方。尤其是当年不如自己的张三李四，如今他们的子女都比自己孩子优秀，她就更不服气了。

其实这个问题也又一次印证了：最上面的不焦虑，最下面的也不焦虑，最焦虑的就是中间那一撮家长。不上不下的中间层，一面努力想要向上进阶，一面又要努力防止掉到下面。

就像题主这位妈妈，亲身经历过强压和严厉管教带来的“相对成功”，这位从小不被父母接受瑕疵而长大的人，最终对自己的孩子也是不能接受瑕疵的。其实他们不是怕孩子不优秀，他们只是怕孩子回归平均值，或者回到自己拼搏跳出的那个层次，对他们而言，那样就等于白费了他们这半生的努力。

希望下一代成为优秀的人，这一点毛病没有，但问题的核心在于“什么是优秀”。

现在一些风气就很好笑，小区里有孩子考上清北，连居委会都要敲锣打鼓组织育儿分享会，庆祝这家庭培养出了优秀的人，宣扬只有像这样的家庭，这样的孩子才能称得上优秀。

人生就算只活到 80 岁，考上大学只用了不到四分之一时间，接下来的漫长人生，优秀不优秀还要走着瞧呢，是不是精英还要靠时间验证呢，怎么那么早就定性了？

有些家庭对优秀的定义特别特别简单：“孩子什么都是第一，就叫优秀。”在学校考试成绩第一，课外班成绩第一，各种竞赛第一，只要是能排名次的东西，孩子都得拿第一，俗称“全能学霸”。训自己家孩子的时候也不知道怎么训，就只会说：“人家谁谁谁多优秀，每次都考第一……”

现在的好多“教育”都在取悦家长，

而家长的愉悦阈值一直在升高，

却忘了除了分数，

孩子的很多“优秀”都被我们忽视了。

现在符合家长预期，不代表这个人未来一定优秀，而真正优秀的人也不见得读书时都是样样好。我们要培养的优秀，一定是善良端正的品行，但不一定是最好的分数；一定是坚韧勇敢的品质，但不一定要处处得第一；一定是具备受用终身的素养，而不是只看眼下的排名；一定是能创造价值的大能力，而不是拘泥于当下的小格局。同时要明白，没有一个人是完美的，孩子也一样，就像你必须承认自己不是完美的家长，你也必须接受孩子是有缺陷的。因为他不是一串 DNA 排序字符，他是一个人。

我们每个人在世上走一遭是为了活出自己的价值，不是为了实现别人给我们预设的价值。你可以教育孩子追求卓越，但你对他的容错率也要提高。

第二章

养娃费钱是小事，关键是费爹妈

中国最富有的人群大概是妈妈，最贫穷的人群也是她们。

一边在挥金如土，一边在偷偷吃土，正是这届中国妈妈的真实写照。对孩子，她们一掷千金，那些必要的开销和不必要的花费混杂在一起，形成了完整的土豪证据链；而在这背后，妈妈们对自己的生存消费每况愈下，把在自己身上克扣下来的用度投资到了伟大的教育事业，这种在教育投资上的拼劲，成了妈妈们努力赚钱的最大动力。“散财”几乎成了每一个中国妈妈缓解焦虑的一个重要途径，也是最简单途径。

中国妈妈抱着一种“投功德箱”的佛系心态，进行着最鸡血最疯狂的教育投资，与此同时，她们互相借鉴、模仿、攀比和较劲，始终不放弃“赢在起跑线上”的伟大斗志，每逢佳节倍省钱，唯有寒暑假价最高，一切以子女教育和培训为主的消费观，是中国妈妈永恒的闪亮标签。

1

养娃费钱是小事，关键是费爹妈

我的 2020 年是从网课开始的，自从孩子上了网课，我感觉我成了易耗品。我的头发就像我家 A4 纸存量一样越来越薄，我的心情就像打印机喷头一样越来越堵，我的宁静就像支付宝余额一样越来越少。昨天儿子又猛地冲进我书房，我不得不把正在打印的 28 页合同暂停，先打印他的练习卷，他对我说："你那个又不急，我这个马上网课要用的。"我能说什么？"好的，你先打印。"似曾相识吗，像不像你向甲方低头的卑微模样？但在家里，我这些"不重要的工作"随时都准备按下暂停键，让孩子的网课先行，毕竟像我这种已经搞不明白函数的单调性和胡克定律的中年油腻老母，做后勤才是我的本职工作。当然，还要记住每次按暂停键的时间，该做饭了，该监考了，该上传作业了，该下载某

自从把自己定性为“易耗品”之后，

整个人都感觉好多了。

个新的 APP 了，该训娃了……哦，这比二元一次方程还难，中年老母气血尚缺，快不够用了。

网课可能不太费钱，但真的很费妈。

为此我一直处在惆怅的边缘，这不公平，凭啥只费妈？某天晚上我心态扭曲地问孩子他爹：“你觉得养大一个娃费不费爹？”他狐疑地看着我，想了一下，然后说：“肯定费，你看，现在只要他一上课，我就要挨骂。”他说得有道理，因为每次孩子一上网课，他就开始叮叮当当捣鼓那些废铜烂铁，噪声不断，极度影响我的情绪，他能不挨骂吗？然后我反思了一下，发现有了娃之后，我们俩的关系有点像教官和囚徒，一个恨铁不成钢，另一个屡教不改。从情绪上讲，孩子对爸爸的影响也是一场薛定谔的父子情，阴晴取决于妈妈；而妈妈的阴晴又取决于孩子和他爹……这诡异迷乱的三角关系，太磨炼心性。然后我心态平衡一些了，原来养一个小孩也不只是费妈，还费爹。

有人问养小孩到底费不费钱？这是一个伪命题，但请注意，费钱其实并不可怕。

我认识一对结婚八年的夫妻，他们不生娃，说“养娃费钱”，有一次我告诉了他们真相：“有娃后，你们就不会有每年多次的隆重海岛游、豪华深山探险、浪漫乡野游，不会有每周不断的电影大片和餐厅拔草，不会动不动一起逛街买衣服、包包和限量款鞋，更不会牢记彼此的生日和大小纪念日，上百万的吃喝玩乐奢靡开销都省下来了，所以养娃怎么会费钱？养娃给你们省了一大笔呢。”但我当时话没说完整。

养小孩确实不见得很费钱，但养小孩一定费爹妈啊。有了娃你就知道了，结婚纪念日？呵呵，如果正好记得，又恰逢周末，可能会去亲子餐厅，在廉价橙汁、炸洋葱圈和孩子啃剩下的比萨饼里，假装过了一个温馨的纪念日。

成本要比二人世界旋转餐厅的烛光晚餐节约多了。但爹妈会练就出一副吃黄连都甘之如饴的幸福表情，同时沉浸在孩子的奥特曼或芭比娃娃里而忘记那碍事的爱情，每一次为了满足娃的需求而驱车 20 多公里吃一顿垃圾食品后的满足，都升华着爹妈的战友情，把所有企图重温浪漫的野心消磨殆尽。

所以孩子费钱这种小事，在轻而易举融化了爹妈的纯洁友谊面前，根本不算个事。

既然说到了友谊，小孩这种生物真的很费友谊。

如果你有一个闺蜜，而你们俩没有同时当妈，那么不出半年，你俩可能就要绝交了，因为有娃的只能和有娃的交朋友。

你必须拥有新的朋友和你聊奶粉、湿疹、小儿推拿以及和你一起扛着几十斤道具为幼儿园的儿童节演出排练节目……

孩子正在悄无声息地摩擦你的友谊，迫使你另觅新欢。

而这个新欢能维持多久，也取决于孩子。当你们两个的娃进入了不同的学校，那么关系再铁的老母友谊也将渐行渐远。

除此之外，因为孩子的“引领”和“撮合”，你可能还不得不和不怎么喜欢的人交朋友并和平相处多年。孩子磨光了你的个性，教会你审时度势……这时你得学会迎合，坚持过完这一段魔幻的人生。

磨灭友情和新建友情一样轻松，小孩让一切来得出其不意又顺理成章，你必须拥有足够强大的内核应对由孩子引发出的一系列友谊的变革。

要时刻记得养大一个小孩需要耗费很多友谊，人生的车站里，上上下下的人更多了。

孩子费钱不是事，因为能用钱摆平的事基本都不是事。而那些“费爹妈”的事，用钱也摆不平。

对一个妈妈来说，随着孩子的成长，从肉体到精神越来越费。

肉体上，费她玲珑的曲线，披肩的秀发，光亮的皮肤，炯炯有神的双眼……

精神上，费她的爱情，她的友谊，她的耐心，她的脾气，她的梦想和理想……

如果这些都能用钱摆平，再费钱也值得啊。

你觉得上补习班费钱吗？当你风雨无阻、披荆斩棘每周来回接送孩子四五次，在补习班门口和一大群婆婆妈妈一起等下课，被不熟悉的各种鸡血家长问东问西、洗脑戳心，被走过路过的年轻人投来“这位阿姨好惨”的怜悯眼神……你就会愿意再多花点钱请个上门服务的专家教授。

用多付三五斗来换取两三个小时在家里喝茶、看书、刷剧的自由时光，你是愿意呢，还是愿意呢？

搭上时间精力又磨灭了一切自由的老母们，真的很担心下一场补习比上一场更费妈。

为了迎合孩子同学及家长，不给自家娃丢人现眼，老母们做了多少费力的事？为了陪孩子上个外教英语班，老母硬着头皮和外教老师同步练口语，也是很拼的。

你看，当家长真的很费脸。

有的甚至走火入魔到要抢老师饭碗了——一位妈妈接到老师通知，说要学生注册APP线上学习，她折腾了一下午，注册成了一名英语老师，还想代替真英语老师教英语了！

等这位妈妈明白了怎么回事之后，可能会觉得好丢脸，也可能内心并无波澜。带娃的这些年有时甚至会觉得适当丢脸也是一种别样的乐趣……

毕竟身为家长，乐趣真的不怎么多了，加班可以算一个。深夜，灯火通明的写字楼里，绽放着无数中年人修改方案的笑颜，充斥着无数中年人手敲键盘改代码的快活，弥漫着无数中年人手冲咖啡的香气和嚼薯片的清脆声……

年轻人提之愤怒的996和007，是中年老父母求之不得的避难港。

为了逃避带孩子，他们会找机会加班，宁愿加秃了头。

哦，头秃算什么，和那些在家里陪娃的同龄人相比，加班至少是心静的，在家的那些，不但费头发，还费血压计和保心丸。

当今社会，每一对能笑着活过九年义务教育、不哭地熬过高中和大学的父母，都具备强大的心理素质、豁达的生活态度以及一副耐磨耐费的躯体。

小孩费钱是对家长的激励，它会转变为努力奋斗的动力，说不定能让本来颓废不上进的家长觉醒奋斗；而小孩费爹妈就是一种不可再生的摧毁，磨光你的棱角，专治各种不服。

但同时也会把你的软弱变得强大，把你的怯懦变成勇敢，把你的玻璃心熔炼成钛合金，把你改造成一个全方位更优秀的人，更包容，更豁达，更佛性。

所以，如果有人问：小孩这么费爹妈，到底还生不生？我还是觉得可以生的，否则你的人生原地踏步好多年也得不到快速的脱胎换骨。

2

本以为当妈是做投资，后来发现其实是在做慈善

年纪越大，越懂一个道理：有很多投资可能压根儿见不到什么回报。比如当妈这件事，当的时间越长，投资项目越多，每个寒暑假都能启动一轮天使轮，为了暑假“弯道超车”，妈妈们闭着眼报多个班，动辄上万，开启了 A 轮投资；开学后很有可能发现超车没成，近视度数增加了，这轮投资回报率又逼近负数，但大家并不气馁，一开学，B 轮上线。其实我们也已经习惯了，从有娃第一天起，妈妈们就开始幻想收益——“相信经过我的大力投资和精心栽培，我娃一定能成为神童，长大成为精英，把我捧上人生巅峰，再给我养老送终。”但是养了几年之后，大家就会普遍感觉：大力投资和精心栽培是有了，但这回报率怎么跟我

们想象中的不大一样。我们为了当好妈，从一开始就舍得冲动投资，什么育儿宝典和带娃圣经都必须入手，几年后这些崭新的书连同几十斤没拆封的玩具一起送人，我们的巨额投资瞬间变成了慈善事业——不但扶持了出版业、玩具业、母婴用品业，还让身边朋友直接受益，自己得到了啥，得到了一个教训：以后再也不乱花钱了。

但这个教训完全没有起到作用。随着孩子的长大，普通的投资行为已经不能满足老母亲们实现个人价值的要求，我们开始了更刺激的大手笔。比如，不知何时何地何种情绪之下，突然的一个灵光乍现，又报了一个兴趣班……又比如，跟老师和别人家的妈妈稍微聊了那么几分钟，转身就给娃又买了好几斤教辅书……当妈路上的三大投资领路人：老师、补习班销售、鸡血妈。听君一席话，多买十年书。买了就是看了，看了就是进步了，带着一颗伟大的慈善之心，我们投资从不眨眼。而且越是高额投资，回报率越是难以描述。比如课外班吧，我认识不少妈妈，从大课换到小课再换到一对一，投资成本越来越高，从三位数到四位数再到五位数，娃有啥进步吗？看来看去，明显有进步的只有妈妈……

如果一个女人想体验只求投资不求回报的酸爽，那她就该生个孩子；如果还不行，再生一个。有小孩之后，所有如魔鬼般可

冲动是魔鬼。

但老母的冲动消费，

是天使投资。

怕的“冲动消费”都像是一笔天使投资。因为过不了多久就会发现“这笔投资回报率肉眼无法识别”，算了，我就当是做了个慈善吧。大多数时候，妈妈们的投资不是为了图什么回报，只是为了图个心安，图个放心，图个不纠结。就像做慈善一样，我付出我的，不求回报。

这正是母性，哦不，是全人类不断追逐的至高境界——内心平和（inner peace），很多时候我们不是为了有回报才投资，是为了内心平和（inner peace）而奉献啊！

3

钱要花在刀刃儿上，我娃就叫刀刃儿

我先讲一个悲伤的故事，让大伙儿高兴高兴。前几天我请同事吃饭，本来开开心心的，吃到最后都吃得热泪盈眶。中年人是很会吃的，否则也不会在“什么都不容易”的生活中，轻松实现“容易胖”。然而，很会吃不代表很会点菜。我们有“点菜抑郁综合征”，这个综合征是怎么回事呢？我们一桌中年人，翻着菜单，一边看价格，一边比对它的价值。“半只烧鸡要180元？都赶上一节精品课了！”“这什么菜，怎么这么贵，一顿饭顶好几节一对一了！”……最后以一声坚定有力的“不吃了！”收尾，是这届中年雄起之呐喊，是理性战胜情感之告捷，是告别幻想接纳现实之逆袭！

这年头中年人点个菜真的太难了。以前大手一挥随便铺满一桌子菜的技能，逐渐灰飞烟灭，现在变得唯唯诺诺，裹足不前。**是我穷吗？是我小气吗？是我不懂得及时享受吗？**不，是我们心里仅存的为教育事业献身的一丝勇气，不想被一顿饭抹杀掉。我们只是试图靠每次牺牲一丝丝的“点菜自由”，来慢慢填充“补习自由”的底气。**钱要花在刀刃儿上！刀刃儿是谁？在我们家，以前我是刀刃儿，后来有了儿子，刀刃儿就成他了……**

有人对我们说：太矫情了，一顿饭而已，至于拖垮你们的“补习自由”吗？

这位同志显然不能充分以同理心看待中年人对待一顿大餐的宏观思考和深谋远虑——

吃一顿大餐，就少上三节一对一。万一这三节课就讲到一个至关重要的知识点呢？万一少了这个知识点，孩子就考不上重点中学呢？万一考不上重点中学，将来就考不上好大学呢？万一考不上好大学，就找不到好工作呢……**哎哟，人生啊，险恶啊，想到这些，大餐吃得下去吗？**

按道理中年人比谁都更吃得起大餐啊，然而，就因为中年人几乎每家每户都有那么一两个刀刃儿，于是每一次铺张浪费都仿佛是在刀尖儿上舔血。

普通人眼中的大餐是鸡鸭鱼肉；有社会良知的人眼中的大餐是湿垃圾干垃圾；有文化的人眼中的大餐是上下五千年舌尖上的

一家一个刀刀儿是基础款，

一家两个刀刀儿是豪华款，

一家三个及以上刀刀儿是爆款。

中国；文艺青年眼中的大餐是生活的格调和品味；中年陪读爹妈眼中的大餐是作文、英语、编程、钢琴、长笛、萨克斯、棒球、马术、高尔夫……

所以大家以后别让中年人请客吃饭。你那是想吃掉人家孩子的人生啊，你的良心不会痛吗？

前几天七夕节，我和大兄弟在精神上过了一个丰富多彩的节日，用意念度过了一个美妙的情人节，内心充满愉悦，感觉又赚了！

因为我们没去为了那虚无的浪漫而吃喝玩乐劈情操，省了一大笔开销不说，还省出了时间陪儿子练了一小时琴，做了两段听力，看了一篇文言文……啊呀！少过一次七夕节，等于赚到两节VIP课时。**集满七次不过节，省出五节精品课！每一次选择在逢年过节的时候吃土，都是离虚无远了一步，离胜利更近了一步。这是中年人独有的智慧，与众不同的致富捷径。**我前些天在群里问大家："你们家什么支出最多？"大家沉默不语，直接丢出一张图来，我一看：

排名第一且遥遥领先的是"上课"，占比22.5%，共计29211.08元，是第二名（服饰）的3.5倍。

哎，这小刀刃儿真是一目了然！

尤其暑假，刀刃儿特别多。

暑假真是中年老母冲动消费的高峰期啊。可能只需要几天工夫，那个原本每天喊你去餐厅拔草、动不动就拉你一起去买衣服、每天都得喝两杯星巴克打底的好闺蜜，突然就断绝了跟你的交往。

我就刚吃了两次闭门羹，某好友突然宣布要闭关了。

问她咋回事，她说："我给你看看我的支付宝账单吧。"然后丢出来一张图，上面赫然列着七八条"教育支出"，每一条都是1万元整。

接着她又给我看了某APP里的报课详情：

高二物理秋季精品课：12160元；高二英语秋季精品课：9600元；高二暑期精品课：10180元……

不看不知道，我身边一大堆的土豪！我们都太有钱了！

有钱归有钱，可还是那句话，人家的钱只花在刀刃儿上，在其他方面，呵呵，大部分都是坑子。就说我们公司里吧，包括我在内所有的妈，连两毛钱一张的小店打印都觉得太贵了，整天跑办公室里来用办公打印机偷偷打印卷子，我们骄傲了吗。

我朋友，平时接送孩子上课来回打车每个月几十次从不心疼，自己约朋友见面都选周日，因为周末地铁APP有1.8元随便坐大优惠，厉不厉害？

当今中年老母比什么？**不比脸蛋，不比身材，不比包包，不**

比老公，比的是谁更伟大啊！

有妈妈说："自己衣服在淘宝买，家居清洁用超市送的券买。""自己吃饭尽量不超过20元一顿的上限。""感觉自己是一位舍生取义的女侠。"……

钱花在刀刃儿上，乍一看这届妇女活得好心累呀，明明都是隐形土豪，却为了吞金兽活活地过上了屌丝的生活。

但其实并不是这样。中年人归根到底是为了让自己活得踏实。

人到中年，一切的风花雪月、放浪形骸、挥金如土，都是过眼云烟；唯有把钱砸向家里的刀刃儿，才是一种真正的文化传承……

每当觉得什么地方莫名不踏实的时候，给刀刃儿花笔钱，就忽然感觉好多了。

4

中年人有多穷，补习班老师最有数

我收到过一条留言，来自一位男性读者：“魔都老父亲，独女民办小学，除了语数英新东方学而思还投了声乐美术芭蕾乐高滑冰钢琴在线英语的功德箱。反正近三年晚上回家，手机基本戒掉，电视基本没打开过，换车什么的这种浪费行为想都不要想。”

看到了一个被娃重塑了的男人，真是令人感到欣慰。终于，爸爸也走上了吐槽之路，除了没标点符号，其他都和老母亲差不多。大家不妨将此留言打印出来，拿它来激励自己：“我不是一个人在战斗。”

不过仔细看这留言的背后，其实有一个很宏大的命题：**无论爹和妈，改变我们命运的不一定是知识，更有可能是小孩。**

没娃之前，我们能对自己如此高标准严要求吗？不能。

没娃之前，我们能如此一边挥金如土一边穷到吃土吗？不能。

学校没有教会我们的认真与拼搏，孩子能让我们轻松做到；社会没有教会我们的自律和节俭，孩子能让我们快速实现。在别人身上没有发现的贫富差距，孩子能让我们在自己家里果断找到。

每个补习班带大的优秀神兽背后，总有一对贫穷到熠熠生辉的灵魂。有句话说“家长是孩子最好的老师”，但从现实情况来看，应该说孩子才是家长最好的老师，而且是天天拿着教鞭抽打，你还得往里贴钱的那种……

我小时候的愿望很朴素：我要努力学习，多学本事，长大后有份好工作，过上衣食无忧的生活，也不用暴富，只希望每天晚上能躺在沙发上看会儿电视，每个周末都可以任性地睡到自然醒。为了这个理想，我努力学习了，掌握了不少本领；努力打拼，成家立业，然后有了小孩，然后……我现在的愿望还是很朴素，只希望每天晚上能躺在沙发上看会儿电视，每个周末都可以任性地睡到自然醒。哦，对了，最好能暴富。嗯？说好的知识改变命运呢？怎么改了半天好像也并没有太大变化。那感觉就像是一个刚准备仗剑走天涯的人忽然被暑假作业揪住了头发，哦，不，除了暑假作业，肯定还有一大堆暑期班。如今，我们不但晚

一进补习班，挥金如土。

出了补习班，独自吃土。

上不能看电视，周末不能睡懒觉，更甚的是每个寒暑假都在劫难逃。在每一个补习班老师的眼神里，都写着对中年人的审判书——眼都不眨直接报了十年 VIP，成功人士；每次续费都说考虑考虑，失败人员。

俗话说："知识改变命运。"但俗话没告诉我们，娃的知识才改变我们的命运，娃的学费正在改写我们的生活。那位爸爸戒掉手机、不看电视、换不了车，就已经感觉很委屈了，然而放眼望去，还有大片匍匐在荆棘丛里摸爬滚打的妈妈们都还没出声呢。我有一个老同学，她以前不但是学霸还是校花，也曾是行业内赫赫有名的专家。后来她生了两个娃，然后辞去工作，成了全职妈妈，彻底改变了命运。当全职妈妈五年多，有一天，我们一起在陆家嘴吃晚饭，看着满大街灯火通明的写字楼，她说："我现在就和小时候隔壁弄堂里的大妈每天做的事差不多，就是做饭、带孩子、骂老公，做饭、带孩子、骂老公，做饭、带孩子、骂老公……"而更血腥的是她老公的结论："我老婆现在每天做的事就是花钱、骂老公、花钱，骂老公、花钱、骂老公……"唉，骂老公可以改变，花钱怎么改善？又不是花在自己身上，不信你去问各大补习班和兴趣班的老师。天天拎着小帆布包出入菜场和超市的全职妈妈们，光顾的最高大上的消费场所就是补习班了，每次进去都享受 VIP 待遇，每次刷卡都是最高规格包年。也许商场柜姐会因为你拎着六位数的限量款包包而对你刮目相看；而在补习机构里，老师只会看你有没有至尊 VIP 缴费赠送的闪光滑轮小书包，如果有，你穿一身平价的优衣库也是土豪，没有的话，就算你浑身上下 LV 也就是个普通市民。

有了孩子后，我们从大手大脚、铺张浪费，华丽转身为精打细算、数着小数点过日子。以前买咖啡一次买两种口味换着喝，后来陪读的时候每次看是否有买一赠一。以前双十一购物车里装满了口红和面膜，后来半夜不睡觉秒杀便宜 9 毛钱的错题本。以前看啥促销都不激动，后来穿着过去买的巴宝莉在辅导班门口排长队领 150 块的赠券，如同挖到了宝藏。当孩子考了一个 E，大多数妈妈会主动清空购物车，改成找家教补课，双十一也拼不过一对一。

曾经大手大脚、铺张浪费的拜金女孩，成长为精打细算的良家妇女。连爸妈都对我们露出了满意的微笑。有些事是不用教的，就像到了一定岁数自己就主动穿秋裤一样，到了一定岁数，也会主动（在除了报班以外的其他方面）省着点过，毕竟大多数美德都是有娃后才练成的。

看到金银首饰舍不得买，我们可以说不喜欢。看到包包鞋子舍不得买，我们可以说不喜欢。看到任何东西舍不得买，我们都可以说不喜欢。但看到补习班舍不得报，我们就会说：“有优惠吗？”是的，在功德箱面前，小孩子才分喜欢不喜欢，大人只看有没有优惠。很多功德箱，一投就是几万，从不手软，生怕交钱晚了，老师以为咱家孩子不是个富二代……我们的这些行为，只有补习班老师全都看在眼里。他们大概都猜到了，10万的补习费华丽转账完毕，你转身就会取消中午的日料约会，独自吃一碗热干面不加葱，这大概是你对教育最大的尊重。

说到葱，菜场里买葱涨价两毛都喊日子过不下去的中年妇女，面对钢琴老师每节课涨价100块时，心里暗自狂喜：太好了，不是涨200。小孩改变了我对价值的认知，以前对100块的理解是30斤大米，够吃一个月；现在是娃的一节课，够上一个小时。慢慢地，任何有价值的东西在中年人眼里都能被等价兑换成教育资源。正如“少吃八包榨菜就能省出一套《三年高考五年模拟》”一样，在补习班老师眼中，你我也许皆是榨菜，就看能把自己榨到什么程度了。

5

连体育都要上补习班，这届小孩真的是散财童子啊

想必大家都看到过《体育总局　教育部关于印发深化体教融合　促进青少年健康发展意见的通知》，该通知说："加强学校体育工作，将体育科目纳入初、高中学业水平考试范围，纳入中考计分科目，科学确定并逐步提高分值，启动体育素养在高校招生中的使用研究。"哦，体育老师真的迎来了新世界。全国各地家长已经蠢蠢欲动，开始竞相锻炼娃的体能，竞相打听体育补习哪家强。语数外理化生历史地理和政治，本来都觉得体育不重要，现在好了，统统把体育课还给了经常"生病"的体育老师。

这届家长，终于得在被主课塞满的时间表中，绞尽脑汁再塞一项体育锻炼进去。

这如同筛选超级英雄似的考试机制，让分数与体能两全，就跟美貌与智慧并存一样稀有。但家长们应该能够实现它。有一点首先要明确，难道有些人以为跟不上语数外节奏的中年父母，在体育锻炼上还能带带娃？快醒醒，吼个作业就已经差点要做心肺复苏了，此时再让我们来一组引体向上、立定跳远、百米冲刺……对不起，上有老下有小的我们在小区里的老年健身器械区里也许游刃有余，但要让我们给娃拉高体育考试分数，还是高估我们了。辅导文化课时是文盲，辅导体育时就是体盲。不能偏科啊！对吧！但是大家并不用太焦虑，毕竟再苦不能苦孩子。这届家长就是干啥啥不行，报班第一名。

这不，好多人已经开始上“体育辅导班”了。朋友说，孩子学校的体育老师晚上出来带补习班，每天练，一个月后，很多小孩各个项目就都练出来了，进步卓越，比语数外补习见效快多了。也有的家长说，不信这个邪，体育锻炼，每天抽一点时间锻炼一下不就完了，报什么班啊！一个月后发现，每天做作业到10点多的娃，没法把已经睡着的爹妈叫起来一起去锻炼了。最终，越来越多的人可能会选择“体育补习”这条路。在有些地方，跳绳班、游泳班早火了。体育教练广告牌上写“私人教练，减脂塑形包满意”无人问津，一旦写上“体锻提高，中考包满分”立马爆满。以前外面的游泳教练每天要站在路口发传单求人办卡，现

家长辅导功课时感觉自己像个"文盲"，

直到开始辅导体育，

发现自己其实还是个"体盲"。

在可好，家长去求游泳教练再开个班，要一对一，游泳教练说："哎呀，不好办啊，我没档期了啊……"挺直了腰板的游泳教练面带难色。接着教练会不动声色地告诉你游泳考试的计分规则，最后家长只能报个一对三。补习市场，好像永远都是卖方市场，家长基本没有主动权。

身边朋友家里六年级的娃，已经每周集中一次在课外体锻班里补课了。平时没空锻炼，只能请个专业教练，企图事半功倍地练。

体育也能应试，这在全世界恐怕也是独一无二的吧。

为啥体锻应试对中国小孩这么难呢？

去各大幼儿园和小学低年级溜一圈你就明白了，孩子走路快一点老师都恨不得叫家长了，"注意安全"是第一，不让跳不让跑，连课间都不让出教室玩，体育课跟老年旅游团观光一样，你说，这从小的体育底子能打得好吗？

进了初中，突然间体育成了主课，要考试了，分数占比还挺大，太突兀了。

这就好比是一个从小当村姑放养的女人，突然有一天让参加宫廷礼仪考级。

从疫情网课开始，体育作业就成了一道亮丽的风景线。不少体育老师说了：只要你一天一百个仰卧起坐，五分钟跳绳，六十个蛙跳，三十次实心球，再加上每周两公里的长跑，体育成绩肯定没问题。

但是体育老师不知道，语数外老师还等着上传作业呢。您的一百个仰卧起坐和六十个蛙跳以及两公里长跑明天再说吧……

所以你看，体育不好能怪体育老师吗?

很多中学生做作业已经做到天昏地暗了，如果在完成作业和课外学习之后还要加个体育锻炼，每天睡眠压到四五个小时，白天晕晕乎乎的，这不本末倒置嘛。

所以我觉得在一味追求体育成绩之前，是不是联合其他各科老师一起会诊一下啊，你们给我腾出点时间，我才能提高啊，你也不让，他也不让，这厢还要硬挤，最后不就是逼着家长带娃出去恶补吗……

刚开学两周多，有家长已经收到了学校通知：

“10 月将迎来第一次体育中考，项目:（1）体重指数;（2）肺活量;（3）50 米跑;（4）坐位体前屈;（5）立定跳远;（6）引体向上;（7）1000 米跑。请各位家长注意孩子日常饮食和运动习惯，以便在体育考试中发挥最好的状态。”

我一朋友立马带着儿子每天晚上雷打不动地锻炼，其间他扭过腰、摔过屁股、碰碎过眼镜，重点是，儿子引体向上还是做不到第二个，而满分是 12 个……

为了增加锻炼，除了报补习班，家长也奋力一搏，帮孩子在家使劲。

有个朋友给我算了一笔小账：给娃买了中考专用跳绳，120元一根，第一根丢了，又买了两根，妈妈跟娃一起跳……排球，220元一个，后来被同学借走未还，只好又买了一个……坐位体前屈训练器花了24.9元，结果没弹簧不好用，不得不换个高级的199元……为了给娃装个吊杆练引体向上，膨胀螺丝砸坏了楼道的墙壁被邻居投诉并赔了维修费400元……为了陪娃锻炼，全家雄心勃勃买了全套长跑衣服、鞋子价值过千……

没有被语数外打倒、没有被理化生压垮的一家子，在体育面前羞涩得抬不起头。

如果说报补习班相当于投功德箱，那么报体育补习班就像重金求子，重金是投下去了，子来不来那是要看造化的。

就算求来了，也是求了个散财童子。

然而，我总觉得，体育这个东西是一个天赋占多数的科目。

数学会让你怀疑人生，英语会让你怀疑世界，语文会让你怀疑宇宙，但体育不会，体育不会就是不会，有的人引体向上这辈子也做不到12个。努力有用吗，有，前提是得花时间，如果中考和高考只考一个体育，那么人人都有可能能参加奥运了。但目前，体育分数占比过重本身就是一件不太公平的事。

年轻人多锻炼是好事情，但也别让强身健体本该有的岁月静好，又变成了家长不想要的负重前行。

6

林黛玉倒拔垂杨柳的日子终于来了

这两年家长圈子里的一个重大话题是关于“中考改革”。最近几次的改革，一是关于体育，二是关于美育。大致意思是：体育中考要逐年增加分值，达到和语数外同等的100分，还将“立即启动体育在高考计分中的研究”。且到2022年，要全面实行美育中考。喜大普奔，“德智体美劳全面发展”终于不是一句空话了。这句口号喊了这么多年，我摸着自己的良心自问了一下：我全面发展了吗？没有。因为中考和高考都不考体美劳啊，所以从幼儿园毕业后，我的体美劳一直在退化。

在当下，不考的，就是不行的。这么多年在素质教育中我也没变得更有素质，主要还是因为那些素质不参加升学考试。不过我有点迷惑，未来到底需要什么样的复合型人才？孙悟空也不会弹古筝和解方程，未来的青少年却得会 72 变才有望突破重围。

网友高兴地表示：古代还分文状元和武状元，现在的孩子都得是文武双全。林黛玉到了今天也必须能倒拔垂杨柳，不然纵有满腹诗书，学历只能停留在初中。

这届家长干啥啥不行，参与改革第一名。从小到大，教育改革一直在伴随我们成长。要是有一段时间看不到什么新的改革政策，大家都觉得心里空落落的，害怕自己被历史的长河淘汰，赶紧到万能的家长群问问，你们是不是有什么好消息没通知我。普通的口号不能促进我们自身素养的提升，但一旦进入孩子的考试计分，一切便都有希望了。孩子的素质提升先从家长的关注开始，积极、热情、自主学习，这届家长是认真的。

我朋友已经找我要了全套钢琴启蒙教程，开始为音乐加入中考做准备。前阵子有不少家长开始陪娃一起长跑、拉引体向上、办卡练游泳，希望文化课成绩一般的孩子，在体育上多得点分。还有不少因为学业忙而把画画课停掉的初中生家长，重新又跟老师联系上了，就像分手后才发现前任的价值，哭着求重新开始……

当代成年人的进步，很大程度上是“倒逼式”的。本来自己啥也不是，但考试一改革，家长们就有机会重新审视自己的弱点，不断自我提升，最终促成整体素质的提高。改革一次，家长提升一次。以前减负改革，家长练就了一身陪读好手艺。现在体育改革，家长的体魄逐渐增强。如果美术音乐都加入考试，家长势必会成为全才。要是再加点烹饪、刺绣和形体考核，老母们也将会变得更有女人味儿。把精神卫生与健康也纳入计分系统，一定有助于帮大家实现“每天做一个情绪稳定的成年人”。果然是一人考试全家荣光。

看到新方案那天，我正在北京的美术馆里主持亲子活动。不禁一哆嗦，这也太巧了，我刚一出来参与美育活动，美育就要加入中考。吓得我赶紧拒绝了一个时尚类活动的邀约，怕中考再加一个穿搭审美，使不得使不得。我的朋友对我说：“不会的，这种乱七八糟的东西肯定不会加入中考计分的。”

我说：“住嘴，什么叫乱七八糟的东西？这个世界上不存在乱七八糟的东西，只存在能不能考的东西。”比如，我前阵子看到的一条新闻，说某地已经把“裸眼视力”和“体重”纳入了中考计分里。家长们都震惊了，众说纷纭。有的说“这涉嫌基因与经济双重歧视”，也有人说“挺好的，可以引起家长对孩子视力和体重的重视”。然后相关部门负责人就解释了：“这两项考核，考生最后得分差距并不大，主要是想起到一个导向作用，引导青少年自觉加强体育锻炼、保护视力，提高身体素质。”所以你看，什么叫“乱七八糟的东西”？只要能和“素质”挂钩，那就是好东西，那就能考。我朋友已经发出感慨：家族五代遗传近视，我给儿子拖了后腿！但无论怎样，家长都要开始关注视力和体重了，届时他们可能面临两种情况：第一种：孩子加强学业和补习——休息和课外锻炼跟不上——成绩上去了，但是视力下降、体重也不合格——中考扣分；第二种：孩子减少学习——休息和体育锻炼增加了——视力保住了，体重下去了，但是主课成绩不好了——中考扣分。怎么横竖都是扣分……是哪个环节有问题吗，大概是我水平不行。

然而，我们不是小朋友过家家，多几门考试就像多放几块积木一样简单。当我们有了体育和美育作为中考内容的时候，我们到底还要做什么？

首先，以后素质这一块还得从源头抓起，找对象一查三代视力，二查五代体能，三问艺术修养。以前问有房吗，有车吗，有存款吗？以后问会画画吗，懂几门乐器，1000 米跑几分钟？

其次，以后不要再嘲笑一个人读书拼不过你，人家体育也许能甩你 10 分，美育又甩你 10 分。以前吐槽一个人"浑身上下都是优点"，现在你可以说**"这个人浑身上下都是考点"**。

最后，有了这些素质考点，你才会懂得语数外的好，它们是可以快速高效提分的东西，而体育、音乐、美术，你试试，漫长又艰难，而且费钱，不是你多拾仨瓜俩枣就能张罗得起来的。所

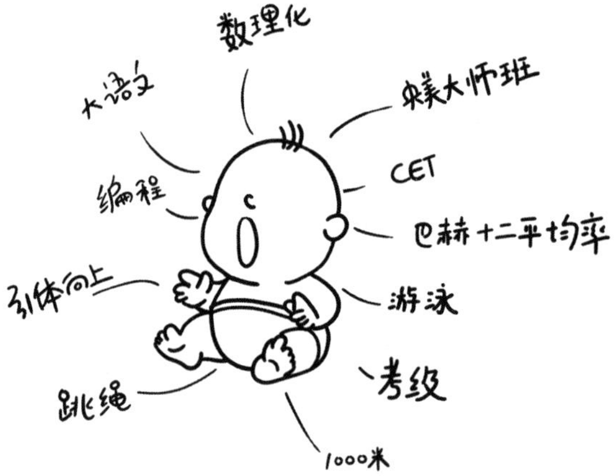

我们养的不是孩子，

是一个浑身上下遍布考点的人类精英。

以，作为家长，你要做的准备不光是思想准备，还有时间和费用的准备。有家长说“以后小学和初中都摇号了，我也不用那么努力了”，那你可错了，你逃得过幼升小和小升初，你以为中考会放过你？这从侧面教育着我们，家长的经济实力和育儿规划能力决定了你的孩子不用等到高考，而是在中考就有可能要被分流。选拔人才从来都不是一件容易的事，以前不是，以后更不是了。现在我们越来越懂一个道理，所谓选拔，看起来是选拔人才本身，而实际上，选拔出来的人才以及人才他爹妈都得是人才，才行。

7

贾宝玉胸口碎大石的日子也来了

《关于防止男性青少年女性化的提案》横空出世，不出所料成了热议话题。

啥叫“女性化”？某政协委员说：“青少年男孩子有柔弱、自卑、胆怯等现象，追求‘小鲜肉’式的‘奶油小生’。”他将这一现象称为男孩子“女性气质化”。

我又查了一下相关的资料，发现原来研究这一领域的文献已经有不少了，比如下面几篇：

《试论体育教学如何培养女性化男生的“阳刚精神”》

《品格教育视野下男孩发展困境研究》

《“阳刚教育”呼唤高度关爱大力培育男幼师》

这些文献里对“男孩女性化”的定义包括：说话细声细语，

爱撒娇，动不动哭鼻子，爱往女生堆里扎，做事畏缩、依赖性强，个性喜静怕动，胆小无主张，缺乏冒险、勇敢和探索精神，自信心不足……

有这些臭毛病的男孩子，就叫“女性化”。

社会对女性一贯的“怯弱定位”和“白幼瘦审美”可能决定了“女性化”是对男人的一种侮辱。

教育部也很快给出了一番解说：“适度改进体育教师教学方法、形式，更多注重学生‘阳刚之气’的培养。”

啥叫阳刚之气？我觉得我就挺有阳刚之气的。哦对了，我是女的。

同时我还认为当代很多女性都很有阳刚之气，从拧瓶盖到换轮胎，从独自带娃到赚钱养家，顶天立地独立坚定，能闯能拼能文能武，这不够阳刚？

如果说“阳刚气”和“女性化”之间还有一条鸿沟，那么这条鸿沟大概就是：魁梧强壮，力大无穷，赛过张飞，堪比李逵。

我承认，现代男性确实有很多不够阳刚，甚至还比不上女性。

这年头林黛玉们想顺利度过中考都要使出排山倒海之力，而有很多贾宝玉式的文弱书生，反而需要把“提升阳刚力”写进教育提案，真担心林黛玉们都倒拔垂杨柳了，贾宝玉们还只惦记着初试云雨情……

这下好了，终于扯平了，林黛玉倒拔垂杨柳，贾宝玉胸口碎大石。

提升阳刚之气没问题，但是简单地用“女性化”“男性化”来判定青少年的成长，却有点太简单粗暴了。

况且每个人有天然基因定式，并不是每个男人都天生就是鲁智深，这世上有男人能扛枪打仗，翻山越岭；就有男人能撑把摇扇，月下吟诗。

“女性化”在今天已经不是一种判断两性特征的贬义词，所以怎么能以说一个男性“女性化”来作为对他的批判？

你看我们女人，说自己是“纯爷们”，从来都是夸自己。

按照我的理解，做出这种提案的人，初衷是好的，就是担心以后的男人一个个干瘪孱弱、不堪重任、沉迷脂粉、不思家国……

但“干瘪孱弱、不堪重任、沉迷脂粉、不思家国”这些真不是女性特征，当代女性的闪光点多着呢！

说到阳刚之气，可真不是和“体格好”“体育考满分”画等号的。

阳刚之气更主要的是刚强的气质和意志，是男人正直之表率、脊梁之精神，而绝非仅仅肌肉块头的表现。

咋从来没人关注“女性男性化”呢？

那么问题来了，男孩子的阳刚之气是怎么养出来的？

难道靠体育老师就能解决？体育老师就算能把语数外主课都占了，也不见得能培养出真正爷们儿的男人。

男孩子的阳刚之气，是需要从家庭到学校以及全社会方方面面的协作培养的。

先看看现在广大的中小学，为何好多男生孱弱娇柔，因为缺乏男子气的释放力啊！

课间能出去玩？为了安全起见，给我回来坐在教室里。

放学后能撒欢？给我回家赶作业。

周末可以去放飞？给我去上补习班。

久而久之，结局就是“柔弱其体魄，腐朽其大脑”。

琳琅满目的各色学习和补习，使男孩子沉浸在书本和习题里。就这样的状态还阳刚之气？我看只能靠运气。

再来看家庭教育。

一直以来专家们都说“父母是孩子最好的老师”，在“阳刚之气”这一点上，怎么倒指望起体育老师来了？

放眼望去，当代很多小男孩从小到大跟谁混在一起啊，妈妈、奶奶、外婆，还有家里的保姆、钟点工阿姨……女性世界里长大的男生，有阳刚之气？只能看妈妈、奶奶、外婆、保姆阿姨够不够爷们儿了。

要让男生有阳刚气，重中之重是：（1）他爸爸得有阳刚气。（2）爸爸要多陪伴，多熏陶，多去做一些只有爸爸才能带领儿子做的事情，把阳刚之气传递给儿子。

实际上很多缺乏阳刚气的男孩，都生活在“丧父式环境”里，或者说是“丧雄性陪伴者”。

在这件事上，家里有现成的亲爹放着不用，还去指望体育老师吗？

我看与其防止男性青少年女性化，不如先防止妈妈丧偶化。

开几个培训班，来几场考试，把“丧父式育儿”的危险性深入基层地传递给每一位父亲，如果爸爸都负责带儿子，别说儿子肯定能有阳刚气，相信就连妈妈都能重新做回弱质女流。

张飞鬓插海棠花，鲁智深当窗理云鬓，威震天美妆带货秀红唇，我们也并不会觉得他们“女性化”啊。

然而外表就算再强壮刚毅，骨子里没有男人该有的质感，那也没啥用。社会上拥有威武外表却败絮其中的男人多了去了，你说他们阳刚吗？

哪怕是个文弱书生，只要有担当、有勇气、讲义气、有独立精神、端正品行、尊重女性、阳光向上，就算他举止温柔，脸上千娇百媚，你凭啥光看外表判断人家“女性化”，并且是个贬义的“女性化”？

内在的教养和熏陶，完善其体魄，文明其精神，才是阳刚之气的根本所在。

学校和家庭之外，社会也是重要一环，阳刚之气本就是男人的天性，可惜现在好多因素正在扼杀这种天性。

只要把扼杀这个天性的东西整治好，天性也就不被带偏了，按人类自然规律去生长，该有的自然有，也用不着刻意去教。

现在学业占据了大多数青少年成长的时间，男孩子该去运动，去探索，去学着从女性的保护下走出来，成为保护女人的那个人。

而培养学生的内在、外在气质，通过读书学习、思想品德教育，良性引导，本来就能实现，而这些也本来就是学校的任务，是教育的本质。怎么现在还要单提出一个针对男性青少年的方案来开小灶？

啥时候不用把男孩单独提出来保护、培养，那说明教育真的成功了，男性真的阳刚了。

8

中年老母财务自由歧视指南

“财务自由”是我们中年老母经常探讨的一个词，今天来聊几个关于财务自由的小体会。从狭义角度说，财务自由就是有没有钱的问题；从深一点的角度来讲，虽然没钱是万万不能的，但对一个老母来说，钱真的不是万能的。**如果说这世界上还存在某种用钱解决不了的问题，那一定就是带娃。**每年的开学季，也是老母们顶级财务自由的秀场——“报班自由”。这也是非常艰难的时期，对心智有极大的挑战，毕竟大多数妈妈刚经历过铁血无情的“夏令营自由”和“暑期班自由”，一下子再来个新学期的报班大考验，很磨人的。

这钱花出去管不管用不知道，但可以肯定的是，不花出去老母是绝对睡不着觉的。以前我有一个稚嫩的想法：报班嘛，只要舍得花钱就好了。直到今年，随着儿子的升学，我感觉我进入了一个全新的世界，太长见识了。有一天，群里某位家长发了个消息："六年级外教英语小课，还有一个名额，要求孩子有四口或基口及以上英文能力。"我赶忙去查到底什么是"四口"、什么是"基口"，但这已经不重要了，重要的是我并没有资格报这个班……

我心目中的"报班自由"化为泡影。原来有些"自由"和爱情一样。爱情不是你想买，想买就能买；报班不是你想报，想报就能报。

唉，天知道我用了多久说服自己，终于决定不与命运抗争，终于下定决心加入补习取经大军，我刚把盘缠准备好，突然发现这取经路上光有盘缠不够，还得打怪升级到一定级数了才有资格……这和我想象的不太一样啊！

中年老母的财务自由歧视链再度升级——家门口晚托班补习自由 < 机构大课补习自由 < 小课补习自由 < 定制班补习自由 < 一对一补习自由 < 有一定资质才能上的补习自由。

当然，我还是觉得"不补习自由"才是傲视群雄的。对于一个敢于不补习也能游刃有余冲出重围的老母来说，人生境界已经不一样了。

在财务自由这件事上，你会发现，不论你何时何地觉得自己在某个领域实现了小小的自由的时候，总会发现另一些人早已经

中国家长式财务自由：

钱都花光了，

却没用在自己身上。

把你甩得很远了。身为一个老母，平时没事总是会关注时代脉搏的律动、消费水平的波动，所以不难发现每个中年老母实现自由的标准线不一样。

当我实现了菜场自由的时候，发现别人家的妈妈已经开始在超市里，不买对的只买贵的；当我也实现了超市自由的时候，发现别人家的妈妈已经出入于进口商品专卖店，安娜西葫芦和安德烈西蓝花才是生活主流；当我也开始经常吃进口蔬果的时候，发现别人家的妈妈开始定制有机菜了，每周新鲜直送 VIP 上门服务；当我也打算申请有机菜上门服务的时候，发现别人的妈妈已经开始自己在园子里种地了……

当她们带着自己刚摘下来的有机茄子、有机青菜、有机樱桃，来妈妈群里普及科学常识的时候，妥妥地成为人生赢家——至少人家的家门口有块地……所以买菜的财务自由也有了区别：菜场自由 < 超市自由 < 进口超市自由 < 有机自由 < 种菜自由。

有一天中午，我突然想吃某茶餐厅的杏仁茶，我立刻放下手头的工作，拉上同事，驱车 20 多公里，为了配合杏仁茶我们又点了一桌子乳鸽、烧鹅、菠萝包、炒河粉，为了弥补内心的愧疚我们又带了好几包外卖回去给其他同事吃。

我问同事：“我们这算不算实现了财务自由？”同事说：“比起你这种财务自由，更令人羡慕的是时间自由。”要知道，对一个老母来说，没有什么比能够自由活动更值得炫耀了。拥有一大段可以随时随地出门、逛吃、逍遥甚至放肆的自由时光，是每个中年老母的奢望。大多数时候，她们都是忙完一天杂乱的工作之后，马不停蹄赶回家忙更杂乱的工作，别说突然想去20公里外的餐厅解馋，就连在家吃饭，都不一定能自由地吃。我的一个同事每天中午偷偷点外卖，因为她妈给她带的隔夜菜太难吃，她终于鼓足勇气实现了午饭自由，但回家后反而没了自由。请保姆的中年老母有了更多自主权，可以换着花样点菜。只要钱到位，啥菜式都会。而更高境界，是自己给自己做饭吃。这背后体现的是一个女人竟然拥有大把时间买菜做饭，还乐此不疲。至少在菜场和厨房的那段时光，是自己的。当我们还在研究外卖APP哪家强、保姆烧菜哪家棒、哪个餐厅的油质量好的时候，有一些老母已经在研究破壁机、粉碎机、全自动蒸锅、多功能烹饪机的一万种新花样……这才是财务自由的最高境界啊。在吃这件事上，实现财务自由的姿势由下至上是这样的：外卖自由 < 老人做饭自由 < 保姆自由 < 料理机自由。

前些天我看了看我的购物车，吓了一跳，数了数一共有16件，从吃的到用的，都是我当时下决心要买，但是放进购物车之后“考虑了一下”，然后就没有然后了。再一看付费记录，连续两周，平均每两天就给儿子下个单，从学习用品到辅导资料再到学校活动要用的道具之类一应俱全，都是第一秒看准，第二秒付款，从来没有拖过三秒的……看到这儿，我觉得我实现了购物自由，再想起我的购物车，我又怀疑人生了。中年老母的财务自由绝对是分场合分地点分人的，要看对谁。对娃，那是一掷千金眼都不眨妥妥的土豪，绝对的财务自由；对自己，大概比贫困户的标准略高三毛。只有当一个中年老母对自己也实现了和对娃一样的消费自由的时候，才叫真自由。购物自由的歧视链也有了：给娃购物自由<给老公购物自由<给猫购物自由<给自己购物自由。

财务自由这件事从表面上其实是很难看清真伪的。有时候一个挥金如土的中年老母，可能是用了大部分存款甚至还欠着贷款把娃送进了体制外学校，孩子成了全家最大的土豪，而该老母本人已经有苦说不出……而有的老母在公立学校里追求快乐教育只图孩子“学学中文”，然后做好随时奔赴海外的准备。藏而不露的各种老母式财务自由，始终都有一定的局限性。如果没生二胎，千万不要以为她真的实现了财务自由。

9

事实证明，二胎根本不能当猪养

2020 年我认识了某著名少年宫的一位优秀舞蹈老师，她培养出无数个婀娜多姿的舞蹈小才女。对于她的深厚才华和丰厚成果，我表示羡慕不已，然后她对我说："你再生个女儿吧，送我这里好好培养。"那一刹那，没出息的我居然有一丝心动。想到自己这辈子可能都与跳舞无缘，我总有些许遗憾。我上一次跳舞还是在幼儿园大班，跳的是《四小天鹅》里的大鹅……万一我有一个女儿，她不仅遗传了我的智慧与美貌，并且一出生就有舞蹈大师的加持，没几年就被培养成"一代舞后"，还没出生就已经画好了宏伟蓝图，这简直是走了捷径，弥补了我此生的一大遗憾啊！一秒钟之后，我清醒了。

好烦啊，还要买粉色的舞蹈鞋、粉色的跳舞裙、粉色的蝴蝶结，风里来雨里去地接送她，为了保持身材我还得陪她控制饮食，每天给她弄完作业还要监督她练压腿和下腰，练得不好太费劲，练得好太费钱……关键是我已经被她哥哥折腾得力气都快没了，哪有空多管一个。什么“一代舞后”啊，还不就是家里多了一个张嘴等饭吃、报班等付费的雌性吞金兽？万一她没有遗传我什么优点，全随爹了呢？算了算了，舞蹈什么的我以后自己去广场上自学吧。又万一生的不是女儿呢……不敢想……不敢想……于是我礼貌地回答了她：“谢谢，不用了。”好庆幸我没有上舞蹈老师的当，再生个女儿的念头还没开始就已结束。类似这样的“劝生二胎”戏码，我这些年经历过很多次，如今已经能见招拆招了。但很多人还是有些招架不住，被劝着劝着就生了。

我有个朋友是妇产科医生，她说每年有很多孕妇说自己是“意外怀孕”，二胎孕妇中“意外”的比重一点都不比第一胎的“意外”比重小。这就引发了一个哲学问题：人不可能两次经过同一条河流，那么人可能两次经历同样的意外怀孕么？但凡“意外”了一胎之后还能再“意外”第二胎的，都很玄妙。“意外怀孕”是个悖论，你要是不想怀，总是有办法的。只要能怀上，都是愿意生的。真心想避孕的人，生了一个之后就很难再“意外”，带孩子是最好的天然避孕法，所以除非“铁了心想造人”，否则不可能有二胎。所以，二胎说自己“意外”的，真是令人太意外了。但现在实诚妈妈越来越多，我听过很多奇葩生二胎理由，比如我一朋友说“钢琴太贵，卖了太亏”，于是她又生了一个。**这届二胎，都是带着使命来的。**

过去有人说：“二胎比第一胎好带多了，俗话说：第一胎照书养，谨小慎微，提心吊胆；第二胎当猪养，随便遛遛，活着就成。”有个内蒙古朋友，以前她刚生第一个的时候，她妈对她说：“一只羊也是放，一群羊也是放。”于是她又有了一个儿子。现在她妈对她说：“一定要做好避孕措施。”所以啊，只有当你有了一群羊的时候，才知道一只羊是多么可爱。而现在二胎妈妈们，很多是根本不信“二胎当猪养”的，她们是因为大号练废了，想再开个小号。这种“恨铁不成钢，只能自己上”的不甘心与背水一战之决心，日月可鉴，天地可表。

所以，二胎根本不可能当猪养，多数老母把在老大那里吸取的经验教训和未完成的梦想，都寄予到二胎身上。这届二胎不容易。他们不是备胎，而是救援队。他们不是随便遛遛活着就成，他们得牢记使命不忘初心。老大练废一个号还能弥补，老二再练废可就破罐子破摔了。

我以前的一个同事，生二胎的理由是：“大女儿开发晚了，输在了起跑线，所以再生一个，这次一定要尝尝赢在起跑线的滋

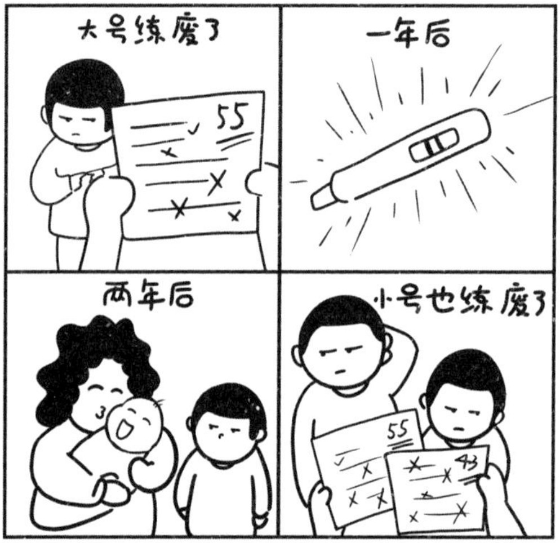

大号练废不要慌，

如果不再练一个小号，

你怎么知道小号不会练废呢？

味。”于是她又生了一个女儿……二女儿一岁半就上了钻洞爬坡的早教班，开销过万。如今这孩子已经上一年级了，我问朋友：“在大女儿身上积累的遗憾，在老二这里找补回来了吗？”她笑笑，悠远绵长地说道：“以前每次教训完老大总感觉没发挥好，现在教训老二时多少有了些经验，无论是措辞准确性还是下手的力度，我自己都更满意了，呵呵……”她还说：“二胎不一定能用上老大用过的东西，比如戒尺，我还是买了新的，因为老二得用更结实的，她皮更厚。”

看来老二不但不能当猪养，反而得用力更猛才搞得定啊。

我身边还有个妈妈，觉得老大带得糟糕，养成了各种坏习惯，特别不好，心力交瘁，于是想生个老二，从头来过，体验一把成功育儿的成就感，毕竟感觉自己有了一身好把式，无处使。

她怀二胎时饱读诗书，努力胎教，希望二娃赢在子宫里。她满怀信心，刷了无数育儿宝典，企图弥补带老大时没实践过的理论，甚至拿出了小本子，列出了自己的“失误清单”，决心把二娃带成一个完美小孩。

一年后，她咬牙切齿地费了半天劲没啥效果，二娃天天跟着老大学啃手指头、乱丢东西、挑食、大吼大叫……学啥都是秒会。

呵呵，爹妈众里教她千百度，蓦然回首，那人已和哥哥学坏在灯火阑珊处……

这种“精神弥补型二胎”真的不好控制。

生娃有点像炒股，头胎顺风顺水，二胎就是高位加仓；头胎不尽如人意，二胎就是低位补仓。不管是加仓还是补仓，都可能瞬间把你套牢。

割肉是不可能的，这辈子都不可能。

我有一次问一个有二娃的朋友：“是不是大部分头胎好的，二胎就让人失望？”

她说：“大部分更像我这样，头胎很失望，二胎更失望。”

唉，带着使命而来的二胎，也没法满足老母们膨胀的欲望啊。所以大家还是别看着大娃给你光耀门楣不成又想指望二娃，有这功夫还不如加把劲儿自己去光耀门楣呢。

10

儿子拯救了我的恩格尔式贫穷

最近遭遇了几次来自儿子的暴击。前几天晚上我回到家，儿子跑过来跟我讨论**恩格尔系数**。嗯，是的，在我上了一天班、开了两个会、码了一下午字、跟甲方撕扯了几小时、解决了突如其来的胎压报警和牛仔裤勒得肚子疼的尴尬局面，回到家里刚躺倒在沙发上的时候……他突然跟我讨论恩格尔系数。这是一对母子在这种时刻这种氛围下应该干的事吗？我很无奈。

“你们学校已经开始教经济学了？”“没有。”“那你们开始学统计学了？”“没有。”“那你怎么知道这个？”“这是数学课讲的，难道你小时候没学过吗。”

我马上爬起来，翻了一下他的课本。果然，恩格尔系数赫然出现在课本里。

少吃8包榨菜就能省出一套

《五年高考三年模拟》

刚为娃的博学感到欣慰，一秒钟后他又问我：“妈妈，我们家是属于贫困还是温饱？”儿子的这个问题，就像容嬷嬷的绣花针刺进了我的头盖骨。

“你为什么不问我们家是小康还是富裕？”

“因为我觉得你总是在买吃的。”

我很欣慰，儿子应该是了解了恩格尔系数的本质，至少在分子这一块儿的理解，到位了。

是的，作为一个每天都在吃上花钱花得明明白白的女人，我为自己的恩格尔分子感到自豪，贫穷从来没有限制住我的食欲。除了一日三餐，我在吃上是土豪级的，每天必备的咖啡，下午茶，小零食，水果，夜宵还不算，只要和娃在一起，凡是路过便利店总是不弄点吃的就手痒。我的那种不分场合不分时间想吃就吃的豁达个性，缓解了很多生活压力，有时开会开到一半，讨论一个关于“减肥”的话题聊累了也能立刻来块蛋糕补充下热量，不排除一天拿五次外卖的可能性。

我创造的消费分子，可以说非常辉煌，对儿子来说那都是实打实的，是他看得到的。大多数情况下，在他眼里我们家一天的开支用恩格尔系数来计算简直达到了100%，呵呵，不但绝对贫困，而且穷得只剩肉了。

但是，他哪会知道，在他看不见的那些阴暗角落里，在他不明真相的神秘世界中，老母亲我有可能轻飘飘地一个确认键，随便报个补习班，恩格尔系数的分母就能突然翻几百倍，立刻飙升到 1%，瞬间达到“最富裕”。

我骄傲了吗？哎，儿子的担忧好没必要，他一定觉得我们家很穷。我们老母亲的那些暗戳戳的富裕，儿子又怎能体会得透彻啊！这一代小孩从小就是在隐形的恩格尔分母中泡大的，他们从小到大都被“安排”得妥妥当当，奥数和英语，钢琴和舞蹈，画画和棒球，这些润物细无声的分母，在无声无息中缩小着恩格尔系数的值，我们的娃却浑然不知。如果有一天我们跟孩子算这笔账，把培养一个孩子的所有开销填进那个他不知道的分母里，他也许会以为自己是个富二代。正所谓大人的世界孩子不懂，恩格尔的分母，才是我们中年人真正的归宿。如果不是孩子，我们可能真的永远会处在恩格尔式温饱以下，大概率是个贫困户。

我突然又想到了儿子前几天带回来的一项家庭作业：采访父母——“生活中的幸福与压力来自哪里？”当时我觉得这个题目太便于我发挥了。我不费吹灰之力地回答：“幸福来自我儿子学习又进步了，压力来自儿子考试又考砸了。”说完之后我还惨兮兮地凑近他：“你看，我头发又白了一根。”儿子问：“你能不能重新回答一次？”

我说："刚才回答得不好吗？"他说："你刚才的回答太狭隘了，怎么说来说去就是学习成绩啊，考试分数啊？再说，人的幸福与压力怎么可以总是来自别人呢？"我当时是惊呆了，现在的小孩，都自带鸡汤？"那好，我重新说一下吧。幸福来自我们一家人都平安健康开心，压力来自……嗯……我想想……""妈妈，看来你没什么压力。"

我一下子没什么好反驳的，我觉得对于我这样一个大大咧咧的中年妇女来说，就算我把压力描绘得如山一样大，他也理解不了。结合了恩格尔系数事件，我又一次思考了这个问题：孩子不知道父母背后的艰难，在他们眼中，如果看到的都是恩格尔分子无限扩大，以及大人很容易获得幸福感而忽略压力，这到底是一件好事还是坏事呢？

直至儿子的恩格尔讨论袭来，我才反应过来，原来我的幸福就是恩格尔的分子，我的压力就来自那个分母。

但作为我们家最大的文豪，我最终的结论必须让娃挑不出毛病且富含哲理——我的幸福和压力都来自你。

他不怎么理解地问："那如果不是我，你就没有幸福了呗？"我想了一下，看了看眼前这个似乎有点长大了的小孩，摸摸他越发厚实的肩膀，用老母亲那最温柔而饱含深情的语调唱出了声："若不是你突然闯进我生活，我每月至少还能多存三千多……"

直到现在，我想儿子还是没有搞清楚我们家的恩格尔系数到底是多少，但这并不妨碍我享受持续扩大分子的快乐。至少我心里充满了足够的骄傲，因为有这个娃在，我早已脱离了恩格尔式贫穷，走上了富豪的道路。

第四章

妈妈不在家，爷俩乐开花

带大一个孩子的过程，和施与管教的过程，很可能会使一个家长感觉自己变得面目全非……对教育的焦虑会让我们的生活产生方方面面的改变，我们会变得敏感、脆弱，也会变得好奇、势力，而最大的变化是家庭关系上的变化。有娃之前和当父母之后，我们整个心态和处事态度可能都变了。

我们一面在孩子身上变得热情、张狂、肆意，一面却在配偶身上变得寡淡、冷漠、枯燥。

久而久之，现实会令我们大惊失色，你会发现：夫妻二人的谈话中再也没有了风月无边，只有作业无边；十年之后的婚姻似乎也少了温馨浪漫，只剩陪读路漫漫……

中国家长为孩子付出的绝不仅是金钱，默默陪葬的还有自己的精力、时间、周遭的环境、生活的气氛、追逐情调的积极性……

1

妈妈不在家，爷俩乐开花

有段时间我在莫干山旁边的仙潭村闭关学习，不知怎么，也许是我在村里天天游荡引发了一点小波动，导致被县里领导关注到了，他们驱车赶来山里看我，要我当仙潭村旅游形象大使。

自从我当了仙潭村形象大使之后，独特的村花气质挥之不去了。这件事被我公布之后数日内，我陆续收到来自全国各地各村的盛情邀请。

要是在以前，我会感觉我的春天来了。我童年的梦想就是可以潇洒地仗剑走天涯，走遍五湖四海都有人招待，现在突然面对这么多邀请，我却只能遏制住内心的冲动，淡定且客气地告诉他们："好的，等孩子高考完了我就来。"

实不相瞒，"等孩子高考完"是一个法宝，它就像一道魔咒，对一个中年妇女来说，能镇压和抵挡一切。

当你不想去干一件事，你可以说“等孩子高考完了就干”。

当你不想见一个人，你可以说“等孩子高考完了咱们约一个”。

当你想干却干不了，想见却见不了，又找不到充分的理由时，只要说“等孩子高考完”，对方一定会瞬间理解、谅解、接受，甚至产生同情。

对一个中年妇女来说，“孩子要高考”还能成为一个万能的理由，掩盖种种外在与内在的问题：

“你怎么又胖了？”——“孩子要高考，压力肥。”

“你不办个健身卡？”——“孩子要高考，我没空。”

“你情绪怎么不稳定？”——“孩子要高考，焦虑。”

“那你家孩子还有多久高考啊？”——“六年。”

其实，你都不用拿高考当幌子，“等孩子期中考试完了”“等期末考试考完”“等孩子开学后”“等孩子放假后”都行得通。

对中年妇女来说，只要娃还没长大，那就一个字：磨。

孩子真是中年妇女探索世界的拦路虎和绊脚石，同时也是最好的挡箭牌，阻挡了红尘凡间的很多蝇营狗苟，让我们减少出门，让世界变得简单了。

中年老母等待高考就像等待大姨妈，

来也烦，不来也烦。

其实吧，还是中年妇女总觉得自己太重要了：孩子离不开我，孩子他爹离不开我，全家离不开我，全世界离不开我。

每次单独出门前对自己说："地球离了谁不转？"

出门24小时后扪心自问："没有我的日子里爷俩会不会饿死？"

离开家72小时就要灵魂拷问："我离开太久是不是断送了我儿的前程？"

一周后带着愧疚且激动的心情回到家，一进门看到爷俩横七竖八躺在沙发上时，就会回到最初的起点："地球离了谁不转？"

然后默默期待下一次有合适的机会再逃出去，如此往复循环，乐此不疲……

由于对自己重要性的误判，我们中年妇女经常左顾右盼。

就像这次，我千里迢迢去农村搞振兴，最开心的环节是抛夫弃子，最大代价也是抛夫弃子。

我在山里的时候，叫我妈去我家关心下我的猫，实则是去打探爷俩在家干吗。我妈说："他们俩在下棋。"

然后发了一张照片给我，果不其然，街头老干部式下棋标配——拖鞋睡裤老头衫，一把折扇一杯茶，要是再配个鸟笼和若干个蛐蛐罐，那就完美了。

一股伤感涌上我心头，可怜我儿刚12，大好年华小鲜肉，竟被他爹熏陶得跟个退休老大爷似的。我好不容易为他搭建出来的潇洒倜傥气质，分分钟就被他爹摧毁了。

为什么我不在家时，他俩总能做出这种奇怪的事呢？

家里那么多好好的桌子、椅子，人家偏不用，非要挤在小凳子上，弓着背、耷拉着脑袋，拿个破纸箱垫着，也舒服？

我问我妈："他们为什么不到桌上去下棋？"我妈回答："桌子上也没什么地方了。"然后又发来一张照片。我看了一眼，确实满了。

偌大的一张桌子，我走之前收拾得干干净净、一尘不染，才没几天就堆得像个杂货摊，仅存巴掌大的留白，只够我家猫蜷缩其中黯然神伤……

我给儿子打电话："你把你爹照顾得咋样？"

"爸爸洗碗的时候把小碟子卡在小碗里了。"

"然后呢？"

"试了好几天还是没拿出来。"

"爸爸花了 40 块钱买了个新的自行车轮胎。"

"然后呢？"

"然后爸爸自己换好了新轮胎，结果出门逆行，刚出小区就被罚款 50。"

"爸爸买了一袋香蕉放在后备厢里，忘了拿出来。"

“然后呢？”

“后备厢发酵了。”

远隔千里的我，在经受了这一连串强有力的现实打击之后，整个人都不好了，一晚上脑海里反复出现的都是这些：

好啊，这回集齐了完整罪状，可以召唤神龙了，我偶尔出个门也不让我安心，这是觉得我还不够佛系，想再磨磨我吗？

我拿起手机，目的倒也不是训孩子爸，主要是让他意识到自己最近自由散漫的状态对孩子成长不利，应该悬崖勒马。

当我开始批评他把儿子带得乌烟瘴气的时候，他说：“你不在家，在我的带领下，儿子期中考试取得了巨大进步。”

一听这个，我忘词了。

刚才想说啥来着？我都准备了哪些罪状来着？冷静，不能被喜悦冲昏了头脑，先把该说的事说完。

“你怎么让娃不做功课蹲地上陪你下棋？”

“儿子期中考试有了不小的飞跃。”

“你怎么能让小孩大晚上的喝茶？”

“儿子期中考试发挥出了不俗的实力。”

“你怎么让猫咪孤零零趴在桌上？”

“儿子期中考试得到了老师表扬。”

“你怎么还骑自行车出去逆行？”

“儿子期中考试进了年级前十。”

……

呵呵，此时此刻我说什么都是虚妄，期中考试有巨大进步这件事我觉得他可以一直说到儿子找对象，哦，不，可以一直说到孙子上小学。

孩子的好消息和坏消息，都是中年夫妻的磨刀石。每个心情好的妈妈，都会因老师一通告状电话瞬间变得歇斯底里；而每个在气头上的妈妈，其实只是缺一张得了 A+ 的卷子而已……只要成绩好、被表扬、有进步，那么他就可以不做作业、晚上喝茶、房间里乱七八糟、不照顾猫、不听我的话……是的，那时我们就没有棱角，光滑圆润。

孩子是妈的挡箭牌，爹的军功章，两口子彼此吐槽的矛和盾，以及跟塑料姐妹们唠嗑时候的遮羞布和炫富墙。

虽然我当时仍然保持气急败坏的氛围挂了孩子他爹的电话，但一转身我就差点去村广播站借个喇叭通知全村：我儿子期中考试取得了巨大进步。

同时我也参透了一个道理：中年妇女不要觉得自己不可或缺，也不要总是委屈地觉得自己被孩子束缚，你看，我们不在家的时候，人家不都好好的？

只要你别看，家里就是干净的；只要你别听，家里就是平静的；只要你别问，爷俩都是非常优秀的。

以前我也很难做到这一点，但近两年发现掌控起来越来越游刃有余了，我这个大铁杵可能已经被磨成针了。

也许你的孩子和“考试取得巨大进步”的孩子之间，只差了一次妈妈说走就走的远游。每个中年妈妈都应该放低自己的存在感，多出去走走，无尽的孤独、思念的折磨就自己默默承受吧，一切还不都是为了孩子。

2

报班问老公，一问全剧终

对个性教育的不同理解和对自我认知的执着，往往是很多中年夫妻的矛盾点之一。

在刚有了儿子的那年我曾经是这么想的：我的孩子独一无二，为什么要成为谁谁谁，凭我对儿子的爱和自信，他想干什么我都支持，他想怎样长大我都同意。结果事与愿违。

他不到 2 岁时我就没收了他的小汽车，打开了识字卡片的盒子，并且理直气壮地告诉他：你不读书识字，以后就没法实现汽车自由。

他 5 岁的时候我开始纠结到底要不要让他学拼音，毕竟同班的小朋友都已经会用英语过家家了。

他 9 岁的时候我又开始彷徨到底要不要让他学奥数，毕竟同班的很多同学已经开始比拼奖状证书的厚度了，而据说那是某一类学校的敲门砖。

他10岁时，我开始发愁荒废整个暑假是不是太过分，毕竟同龄的孩子在这个节骨眼上都已经把初中第一年的课本啃完了。

于是每一次对“个性教育”的坚持最终还是输给了大自然。

爸爸呢，在每一次坚持“做自己”的战役中节节败退，最后只能选择给妈妈打下手。

这年头无论当爹还是当妈，在孩子成长的某些时刻，总会胳膊拧不过大腿。“输在起跑线上”的恐惧如同一把血淋淋的屠刀架在每个爹妈脖子上，你可以不理它，它却不会不理你。

当爸爸的对这种“花钱吃苦头”的事大多具有排斥本能，而且说得好像很有道理，“上那个课有什么用，都是浪费时间”“你看谁谁谁什么班都没上，不也很好嘛”。

这个世上不是只有“鸡血”妈，更多的是模棱两可的老母。她们正在左右摇摆，一手摸着自己的钱包，一手盘算着各种利弊，期待有一个人马上站出来帮她拍板，当爸爸说：“报报报！”妈妈就有了立即行动的动力；当爸爸说：“不报！”妈妈也就退缩了，毕竟谁也不想整天往返补习班，浪费自己的时间，消耗自己的荷包。

其实每一个成功的“鸡血”妈，背后都有一个屹立不倒支持她的爸爸。

如果不能达成意见一致，每一场补习都能成为两口子和谐相处的绊脚石。

群里听说了一个小故事，一对夫妻吵架，吵得爸爸被赶出家门。起因是爸爸带一家人出门吃了顿1000多块钱的饭，刚到家孩子妈说要给孩子报个考前串讲辅导课300元一节，被爸爸严厉斥责说浪费钱，于是夫妻俩吵了起来。

妻子说丈夫只知道自己吃喝玩乐不舍得给孩子教育花钱；丈夫说妻子只会给那些骗钱的辅导机构送冤枉钱，孩子成绩一点没长进。最后，妻子一怒之下把老公轰出了家门。

这件事告诉我们：安全起见，什么钱都可以省，给孩子报班这方面还是得听妈妈的，毕竟她们现在就这么点嗜好。

男人对补习班的口头禅是“没有用，骗钱的”，而对妈妈来说，报班就像买面膜，买回来也不见得用，用了也不见得皮肤就能变好，但不买就等于认命了。

当爸爸们认清了这个现实问题之后，一切也就迎刃而解了。

如果你习惯了在每次吃大餐的时候，看到的牛排不是牛排，而是两节奥数精品课；看到的龙虾不是龙虾，而是两堂英语提高班，那你们全家的格局就调到一个频道了，生活也就和谐了。

大多数的爸爸，对课外补习是嗤之以鼻的。

前几天朋友说想给孩子找一个补习语文的机构，可孩子爸爸瞧不上任何机构的语文教学，说看过那些上视频课的老师，一个个看起来都像在讲评弹。

孩子妈火气上来了，跟爸爸立字为据——语文归爸爸，如果孩子语文没学好，爸爸净身出户。

久经考验的铁打战友兄弟情，刀山火海中没有倒下，荆棘密布中没有分散，最后他们的命运竟然交给了孩子的语文……

孩子也压力大，万一语文没学好，要爸爸还是要妈妈，选哪个？

在有了孩子后，爸爸和妈妈的消费观日趋背道而驰。

妈妈在教育孩子这方面是永远的薅羊毛爱好者，一看到团课两眼放光，要是有免费试听，说什么也要去。

但爸爸就会认为“你又上当了”。

朋友形容她老公对消费的认知是这样的：自我感觉良好的老父亲认为啥班不报孩子就能考上985、211，然而他每周一趟山寨古玩街必不可少，今天带回来一对核桃，明天拿回一个葫芦，出差必遛当地茶城，什么季节喝什么茶，什么茶用什么壶，养茶宠比养儿还认真。孩子失手打了一把壶，他不冲上去看看孩子手破没破，而是拍着大腿喊：“我的壶！”

对妈妈来说：一把壶＝一个暑假辅导班大课。

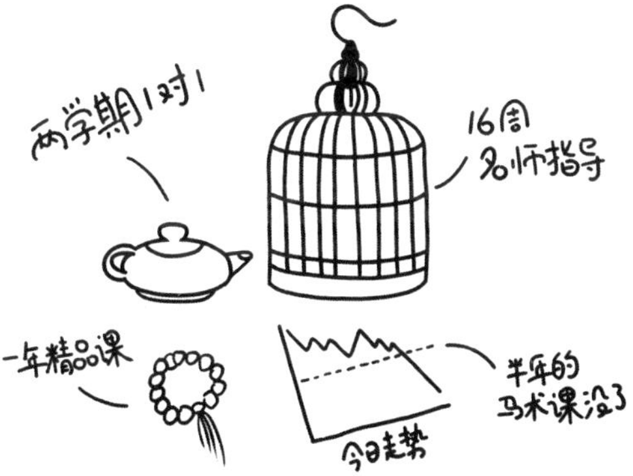

老公的逻辑：

世上除了报班，

买啥都有用，

都不是浪费钱。

妈妈和云配偶分别支撑起中国的不同产业，妈妈们拯救了教育三产，爸爸们搞活了边缘经济。

这厢老妈最新版《五年高考三年模拟》还没到货，那头老爸莫名其妙换俩10000多的汽车大灯，还抠不下来，神经病。

经过我多方调研，发现大多数妈妈都有同一个反馈：云配偶们普遍对吃喝玩乐很舍得花钱，但报培训班就很迟疑，因为他自己从来没上过，他就觉得这个培训班跟传销一样属于愿者上钩，他觉得为教育花钱属于务虚。

爸爸一般用意念提升孩子成绩，然后以减压为名带孩子吃喝玩乐。

可是话说回来，现在的补习班确实变味了，成了很多家庭“不得已而为之”的必选项。家里有女儿的，要把女儿培养成国色天香；家里有儿子的，要把儿子培养成家国栋梁，这难道不是当年过家家时候的朴素愿望?

我有个男同事，有俩娃，有一次聚会他低声对我说：“姐，你劝劝我老婆，她迷信补习班，已经走火入魔了，让她理智一点。”

我想了半天，想出一个对策，我对他老婆说：“你如果少给娃报几个补习班，你们一家人还能朝朝暮暮，你要是报得太多，你老公就得去单位常驻的非洲维修点，一边修理农机一边挖钻，否则养不起一家子。”

我以为他老婆能幡然醒悟，谁知她张口就问：“去非洲工资比现在高吗？那让他快去啊！”

你看，在报班和云配偶之间，中年老母选 A。

于是，在报班和去非洲之间，中年男人也只能选 A。

所以最后的结果很明朗了，以后的大趋势就是选 A，报班问老公，那不是全剧终，那只是故事的开始。

3

当初让你心动的那个人，后来让你心梗了吗

有一次出差一周，我没接到儿子的电话，也没接到他爹的求助急电，在我每天30多字的远程提醒事项列表发过去之后，只是收到一个“OK”，我便能心安理得地埋头继续浸入火锅里。这像是一档成年人的真香变形记，偶尔享受一次当云配偶的感觉还挺不错。

几年前我还没这么佛系。那时出门一天，儿子没主动给我打电话，就会乱想：“他居然不想我？！”忍不了，我一边自怨自艾，一边打给娃，他以他浑然天成的直男天赋一顿“嗯，哦，好的”回应我。**当真相思相见知何日，凉入深秋老娘心。**想想人家女孩的妈妈，每天接到小棉袄五六个电话，说我想你，你什么时候回来之类的，我羡慕极了。女孩的妈妈却仰着头对我说：“你

真幸福，娃不来烦你，不会从早到晚缠着你问粉红色带米妮的发箍放哪里了，艾莎的裙子掉了一粒扣子怎么办，爸爸肚子滚圆的滚字怎么写……”**唉，家家有本难念的经，我家的经比较寡淡，倒不失为一本好经，不聒噪，更容易让人成佛。**

离家上千公里的我，以一个老母亲多愁善感的情怀感慨着“儿子长大了”和“孩子他爹终于能自理了”。我为队友能独当一面、全面撑起一切而感动，想象着他们父慈子孝、同甘共苦的样子——没有我的日子里，他一把屎一把尿地照料着娃，排除万难斩妖除魔，窗前灯下蜡炬成灰，高大的老父亲形象拔地而起，想到这，我感觉以前错怪了他。**糟糕，这一瞬间的上头，像极了心动的感觉。**

正在这时我接到了老师的“投诉”——作业漏做，默写掉链子，各种不过关……

你知道那种感受吗？大概近似于：刚爱上一个人，发现他已婚。中年妇女千万不要随随便便就心动，可能你的每一次心动，都是心律不齐的回光返照，是为下一秒的心梗做出的勉强磨合。**动得越高，梗得越惨。**

我只能默默收回自己幼稚浅薄的心动，倒出速效救心丸数一数，还够撑几天的，不够再买点。我们这个年纪，也只有隔着1700公里的距离并且“没有消息就是最好的消息”时，才能重温一次心动，这应该就是“**云心动**”吧……

云心动随时会被雷击中，变成闪电暴雨，倾盆而下，化作西湖的水，我的泪……哦，不，此刻是嘉陵江的水，表面平静，水下暗礁林立，漩涡成堆。**我们俩这艘友谊的老船，还没升起思念的风帆，就要又一次被我一巴掌拍翻了。**当我连滚带爬回到上海，打开家门的那一刻，我的猫第一个跑过来诉苦，用满带哀怨的眼神演绎了"没妈的孩子像根草"。客厅像犯罪现场，儿子的衣服遍地开花，猫的玩具在茶几上生根发芽，云配偶的电烙铁在电视前三叩九拜。厨房像六百年前的遗迹原址，锅黑乎乎地躺在水槽里呻吟，抽油烟机滴着悔恨的油迹，垃圾桶里充斥着生命不能承受之轻……当初陪人家看月亮的时候，爱心爆棚关爱小动物，永远不忘给流浪猫投食，每天把房间打扫得整整齐齐，分类摆放一副强迫症即视感，做饭收拾厨房，拆洗油烟机专业手法一条龙……现在趁牛夫人不在家，他还是露出了狰狞的尾巴，呵呵，男人。如果我对以上任意一点提出抱怨，**"我没空啊，我还得带娃啊！"**就是他永恒的护身符。

出差，迟早是要还的。"距离产生美"的幻觉，就像开了美颜和滤镜的摄像头，迟早要面对卸妆素颜赤裸相对的惶恐。

有时当我们刚给自己点机会打算红尘作伴，活得潇潇洒洒，就突然落寞地发现，共享人世繁华的心还在，策马奔腾的力气已经没了……以为是被青春撞了一下腰，其实是直接被撞成了腰间盘突出。

瞅瞅身边衣带渐“紧”终不悔的云配偶，我们怎么也想不明白，当初让我们心动的那个人，是怎么变成让我们时常心梗的人……

这些年为了从根上预防心梗，我也努力改变了不少，做到了既能“撒娇”，也能“撒泼”，演技日臻精妙，仍刻苦研习。把为人母为人妻全套流程搞成标准化，纵然心里已经把这厮煎炒烹炸一百遍，还是要微笑着赞美一下把白衬衣和红秋裤一起洗的不锈钢直男：“哎呀，今天您亲自用洗衣机，辛苦了。”

婚姻就和我们的高等教育差不多——严进宽出。

结婚时都以为进了一座象牙塔，高枕无忧，后来才知道，“不是我上了大学，是大学上了我”，不是爱情需要婚姻，而是婚姻登记处需要工作量。

以前我始终觉得，自己越来越优秀了，难道不应该更有魅力吗？难道不应该诱发老公的持续心动吗？

后来我明白了，他也心动不起来了。他一心动，也容易心梗。

曾经让一个姑娘在深夜里辗转反侧的可能是爱情，如今让中年妇女在深夜里辗转反侧的却只有小升初。

曾经让一个姑娘脱口而出的是纯粹的依赖和深深的思念，如今让中年妇女脱口而出的是《三字经》和《出师表》。

婚前让你多心动，

婚后让你多心累。

是我们失去了情趣吗？没有啊，我们在文化这一块儿拿捏得死死的，难道不性感吗？

曾经在红尘里撒泼打滚，拼命修炼，率性又洒脱，如今每天携娃奔波于学校、夏令营、兴趣班……

曾经只选收腰的小裙子，如今专挑宽松显瘦款。

曾经研究旅行攻略、恋爱胜地，如今潜心钻研的只有哥本哈根减肥法、无麸质饮食法……

曾经吃遍天下面不改色心不跳，晚上还能来一杯糖奶正常放的奶茶助兴畅谈人生，如今翻出拉不上拉链的牛仔裤就扔，看到读数不满意的电子秤就砸。

如果说曾经让我心动的人现在只能让我心梗，那么曾经为我心动的那个人，估计早已经自我抢救了好几轮。

想到自己可能比奥特曼还缺乏女人味，我释怀了。周而复始，终于明白：我们一点也没亏。

我们把大好青春献给了云配偶，把美好的节假日献给了陪读，把昂贵的晚霜献给了枕巾，把聪明才智献给了数学题……即使这样，我们依然摸爬滚打着没有放弃，敢于寻找久违的心动，这是一种什么样的勇气？

做一个对自己狠的女人不难，做一个本来在抱怨云配偶，但想着想着却开始自我反省的中年妈妈，是真的狠。

连自己都敢下手，世间悲苦还能奈我何？

回到家，还得把前些天欠的债补一补，该训的训，该骂的骂，然后默默打扫房间，整理杂物，重塑家的气息，好让我"云"也能偶尔体会一下心动的感觉。

4

当代无性婚姻，一场高级的出家

当代婚姻中“无性”比重是多少，咱也不知道，咱也不敢问，但是当代人对“无性婚姻”的敏感度有多高我们基本有数。

凡是提到无性婚姻，不管已婚的未婚的都竖起了耳朵。无性婚姻比重应该不小，大家好奇，正是因为想看看有多少人和自己一样，以便确定自己是否正常。

也许很多人觉得“无性婚姻”是一种困扰，我之前也经常思考婚姻的质量是否会受此影响。

但后来我想明白了，就像两个挑食的人，我不吃大蒜，你不吃香菜，因为这两道忌口咱俩就不能一起生活吗？大可不必。

因为大蒜和香菜都不是主食，我们吃的主食已经太多太累，精力和胃口都到了极限，那么大蒜和香菜的有无其实可以忽略不计。当代婚姻差不多就是这样，那么多烦琐闹心的事情摆在眼前，越来越多人没空去思考“性”的存在。今时不同往日，当代婚姻有新的结构，不要给自己上纲上线就行。至少不要因此过于困惑，也不要跟别人比。我有些朋友，孩子也都挺大了，她们属于那种会对别人发出惊呼的：“什么，你们居然一周才三次？”所以你看，婚内性生活频率，千万别拿别人来做参照物。旱的旱死，涝的涝死。

那无性婚姻和出轨离婚，是不是因果关系？是先无性再出轨还是先出轨才无性？是先有鸡还是先有蛋？出轨者并不一定是因为婚内无性，而是因为TA就是要出轨；离婚也不一定是“无性”导致，大多数离婚还是因为性格或精神层面不能融合。说80后夫妻无性，70后的朋友不高兴了，觉得自己被忽视了，连90后的都跳起来了，瞧不起谁呢，谁还不是结了个佛系婚啊！**这年头，好多人结婚就跟出家差不多。**这就是一场修行，而且不沾荤腥。本来是外面的不沾，现在连家里也不沾了。纯修佛性，多年后会发现自己肉欲少了，妄念没了，平淡是真了。如果唐僧生活在现在，他完全可以和女儿国国王结婚，反正结了婚也依然守身如玉，二人如兄妹般相敬守礼，共同切磋佛法，就像我们当代夫妻一起切磋数学题和语文卷子一样纯洁，这可是至高水准的大和谐啊！

这届婚姻可比唐长老那时候优越得多，主要是大家更开明、更讲道理，中国人已经突破千百年封建保守意识束缚，把“性”这件事抬上了桌面。

这可是一大进步啊！只不过落花有意，流水无情，**人民刚培养了性解放的意识，性已经不需要解放了，它只想静静。**

其实在婚姻里，男女双方在性这件事上并不是完全对等的，比如当一个女人表现淡漠、爱搭不理、毫无兴致的时候，男人通常不会想太多；但当男人表现淡漠、爱搭不理、毫无兴致的时候，女人却会套用三个理论——

理论一：他不爱我了；

理论二：他出轨了；

理论三：他身体不行了。

基本没有例外。

这被男人认为“神经质”“歇斯底里”“无理取闹”的三点，是女人的大脑结构和生理特质所决定的，不是由什么理智、逻辑、证据来决定的。

所以男人们哪，长点心吧，别老是“我怎么怎么样”。你结婚了，你要考虑的应该是“我们怎么怎么样”，不然你老婆可太委屈了。

但女性也应该理解：当代男性真的和以往任何一届都不太一

样，他们非常多元，存在各种奇形怪状的个体差异，有着我们完全难以想象的特质，也真的不是“只要我愿意，没有得不到”。

当代男人渐渐演变成不再完全用下半身思考的动物，这是进化史上的一个突破，但这可能是婚姻史上的一个黑洞。**结婚前，大家说没有爱的性是耍流氓；结婚后，我们才发现没有性的爱也是耍流氓。**有娃后，很多人终于明白婚姻的形态原来可以如此多元，兄弟情、战友情、亲情、人道主义、助人为乐、抱团取暖，都有，但就是爱不明显了，性也不明显了，甚至连性别也不明显了。可婚姻依然还是一个婚姻，以它隐蔽的不能被外人所知的姿态坚持着。**很多中年夫妻的婚姻状况是：无爱，无性，有娃。**但他们真的觉得自己很悲哀、很痛苦吗？也并不一定。

有句话说“优秀的女人都是无性的”。起初我认为这句话可能是从性别角度吧，优秀的女人，雌雄同体，不分男女，啥都能干，因此才优秀。后来我发现，这个无性不光指性别的模糊，也是真的无性啊。为什么呢？因为她们忙啊。

我认识一个 92 年的妹子，她对我们坦言：白天忙工作，对接各种人，每天都很紧凑，晚上连吃饭都是打发，到家坐定下来已经十点，洗个澡睡觉，根本不想滚床单。她可是新婚啊！我们问：“那你老公呢？”“他很开心地去打游戏了。”原来很忙的不只是女人，男人也有了更多选择。新婚燕尔都比上一届更佛系，

当代家庭状态：无爱，无性，有娃。

更别说中年夫妻了。所以啊，都别给自己那么多责任和压力，吃多了腻这是人类本能。更何况我们每天面对的，是那个容颜不断苍老、腰围持续增加、霸占马桶不放、不会带娃只帮倒忙、要么云雾缥缈要么指手画脚、看见就想吵的另一半，让你仿若初见、毫无心理障碍地突然下手，你下得去手？

过去，“性生活是否和谐”是判断婚姻好坏的标准之一，那些书籍杂志，会把性生活不和谐描绘成洪水猛兽。时至今日，越来越多的人已经没空去重铸“性对婚姻的意义”了。现代女性忙于事业的越来越多，脑子里想的大事列表比老公想的还多，同时还要兼顾家里的琐琐碎碎，她们并不需要“采阳补阴”啊……她们只想静静。男性也不再和过去那些时代里的男性一样，要展现雄风，靠性生活的“按时定点定量”给女性安全感，女性自己给自己的安全感已远超于此。再说了，以前很多人以为“交了公粮，地主家就没余粮了”，但现在这社会太补了，地主家的小金库超乎你的想象，交公粮不但没用，还助长了叛逆情绪。综上所述，结婚多年后，性生活从形态上和功能上都变了，它也许可以锦上添花，但不是必需品；它也许可以起到助兴作用火上浇油，但肯定不是压轴重头戏和雪中送炭。

这种高级的佛系，有些人理解不了，说：“扯那么多干吗，无性就是关系不和谐啊！”

那也不一定，婚姻的和谐，有多种表现形式，这同样要与时俱进。过去的人时间充裕，娱乐贫乏，长夜漫漫，没啥事干，要不就睡觉吧，睡觉也没啥可思考的，要不就滚床单吧。但现代人不一样，大晚上的，大好时光，用来滚床单？男的打游戏、玩手机、跑步、撸铁不香吗？女的刷剧、看八卦、聊天、学习智斗小三酣畅淋漓难道不过瘾吗？再不行给娃辅导一下作业，低血糖和低血压一下子全好了，难道不健康吗？

当我们焚香沐浴，如出水芙蓉般走近六尺大床，你是更想静候佳人，还是更想独自放空？摸着你的肚皮，好好思考一下再回答。

5

大多数姐姐没有乘风破浪，只有惊涛骇浪

有一阵子，有个比较火的综艺节目是乘风破浪的姑奶奶，哦，不，是《乘风破浪的姐姐》，那段时间一打开微博和朋友圈，都是那些又瘦又美又有钱的姐姐。

一夜之间“姐姐”开始吃香了。原本在婚恋市场被挑挑拣拣、在职场不上不下、在生活和工作双重追杀下焦头烂额、被“后浪”拍得找不着北的姐姐们，忽然被捧上了天。人到中年的洒脱与娇媚，阅历与勇气，张扬与自信，天天上热搜。

令人欣慰的是，综艺节目终于肯把焦点从不到 20 岁的少女团转移到 30 多岁的姐姐身上了。

我周边真正为之着迷的，基本还是少女居多。女孩们呼喊着：“看了这个节目后我再也不怕变老了！”

再问30多岁的朋友对这个节目有何感想，她说："等我娃考完试我再抽空看看。"

怎么说呢，**30多岁的女性是一个复杂的物种，她当然需要澎湃激昂奋进的那股劲头，但她也具备慵懒堕落颓废的生活气质。**

而这个节目，包装得完美无缺，姐姐们都是女神，浑身全是优点。

那些美好而正能量的标签："三十而骊""一切过往皆为序章""乘风破浪"，为这个节目定了调调：打破年龄的桎梏，不惧岁月的冲刷，敢于面对真我。姐姐们优秀的样子，在一片整齐的赞美声中发光发热。

是啊，谁能说这不好呢？毕竟同为30多岁的我要逊色多了，要姿色没姿色，要财富没财富，要成就没成就，和姐姐们一比，我大体也就是个失败者。

可是问题就在这儿了。

这个世界本无失败者，作秀的人多了，也就有了失败者。

因为这些秀引导人们产生新的成功者的标准：哇哦，你看你看，这样的姐姐真是人生赢家——身材和皮肤管理出色，穿着"上档次"的衣服，事业非常成功，有几项特长，拥有一段或几段被传为佳话的感情，自信张扬，不在乎他人眼光，而且很有钱。

30多岁女人的“成功标准”又一次具象化，但这个具象遥远极了。

你要知道，**你也许能逃避脱发，但你逃不掉这个世界的“双标”**。

节目里姐姐们的“张扬”是“张扬”，生活里姐姐们的“张扬”可能会被定义为“脸皮厚”；

节目里姐姐们的“低调”是“低调”，生活里姐姐们的“低调”可能会被认作是“自卑”；

人家在节目里“情商低”会被夸成“耿直率真”，但你在生活里“情商低”你是真“情商低”；

人家在节目里“绿茶”会被认为是“心思细腻”，但你在生活里“绿茶”你是真“绿茶”……

就连同在舞台上的人，咖位大的说什么都被评论为“可爱的”“有个性的”，咖位小的说错话连“情商低”都不配，只配拥有“实力不够”的定论。

现实和你看到的表象有着马里亚纳海沟一样深的差距。

现实就是，大多数女性在30多岁的时候，也就拥有一份稳定的工作（不是事业），也许拥有一个家庭（不见得完美），可能有一个小孩（不一定教育得很好），为人处世尽量低调（因为不想惹事），张口闭口少有诗和远方（都是老公和孩子），也做不到随性耿直（那样只会得罪人），更不能一口一炫富当作骄傲资本（很快就没朋友了）……

她们的生活时而小心谨慎得像颗尘埃，时而又粗犷豪放地消灭所有难题，她们大多数时候没有什么乘风破浪，只有惊涛骇浪。

而在不接地气的秀场，只有精心打造的颜值才配乘风破浪，颜值不高、身材不好的女性掀不起大风大浪；被万人追捧、日进斗金才叫乘风破浪，平淡无奇又没有财富可炫的女性没机会兴风作浪。

这无疑又不动声色地提高了女性自我要求的阈值。

普通30多岁女性不靠颜值吃饭，不能成为大众焦点，她们的存在感和价值感基本靠自娱自乐。

在20岁时她们梦想将来成为“乘风破浪的姐姐”，嫁给爱情，赢得事业，人前张扬高调，人后努力前行，保持人生巅峰。而在30岁时她们又会渴望回到10年前，因为发现自己不但没变成想象中的样子，甚至还变成了自己讨厌的样子，生活里常有不满，对未来还有焦虑，习惯在一地鸡毛里笑着活下去，和大多数人一样，看着年轻人羡慕不已。

每一个女孩都努力认真地生活着，为什么要分出成功和失败，为什么要让某一种“模板”成为自己唯一的方向？

生活本身就已经又有风又有浪，

每一个挑战生活的老母亲，

随时都是乘风破浪的优秀姐姐。

即使是“喝”惯了“鸡汤”的女人，在当妈后没几年，衡量成功的标准又将被现实冷冷拍打。不管你如何花枝招展、身材窈窕、一身名牌，却不一定比那个戴着厚玻璃瓶底眼镜、穿着纯棉衬衫、从不化妆的女人更令人羡慕，只因为她的娃是学霸……

我们不能只强调女性要追求卓越和成功，别忘了女性更应该“自我认可”。

不管你是可以上得了舞台的姐姐，还是进得了自家厨房的姐姐，谁可以判断你的价值高低？

舞台上的姐姐，放到厨房里可能啥也不是，把你放到舞台上，你多少还能表演几个杂技——左手抱娃、右手翻勺、脖子上还夹着手机跟甲方讨论两个亿的项目，同时厕所里的孩子他爹还需要你去给他送纸……

每个年龄都有其该有的素养和价值，40 岁时你非说自己心理年龄 18 岁，那么我觉得你心智不健全；40 岁时你仍不断羡慕屏幕中所谓的成功，那便是缺心眼。

姐姐并不需要能上舞台才算优秀，姐姐自己就是个舞台。

大多数姐姐没有聚光灯，穿不下 S 号的露脐装，但赚钱带娃两不误，连续一周熬夜加班回家照样给娃做手工作业，半夜带孩子看急诊早上照样画个大红唇见客户，应付各路老师还能安抚家里 200 斤巨婴，做手术能自己开车去，还能分分钟策划百人以上的亲子活动。这不叫乘风破浪？这都能叫降妖除魔了。

人到中年，华丽的袍子见多了，大家更享受在彼此袍子里活捉虱子的快感。

应了罗曼·罗兰那句话："世界上只有一种真正的英雄主义，那就是在认清生活的真相后依然热爱生活。"照着这个座右铭去做真人秀节目，那才叫正能量。

6

每个人婚后都能活成哲学家，不限男女

一个乘风破浪的中年妇女，思想就像脱缰的野马，而我的家里没有草原。

有天晚上，孩子他爹一边吃着晚饭一边淡定地对我说：“我爸妈在来的路上，一会儿就到。”我一瞬间从椅子上跳起来，夺过他的碗：“你别吃了，你爸妈肯定会带粽子来的，等会儿我们当着他们的面一人吃俩粽子。”

他问：“为什么？”

来不及解释了，我赶紧放下饭碗，马不停蹄地开始整理房间，让老公把厨房收拾干净。

他问：“为什么？”

前几天整理出来的两大包旧衣服还堆在客厅里，我让老公赶

紧把它们藏到床底下。

他问："为什么？"

那一刹那，面对他的灵魂三问，我思潮涌动不止，仿佛打开了巨人的头盖骨。

一如既往，毫无悬念。结婚10年后，无论什么样的男人，都会变成一个哲学家，而"为什么"正是他迈向哲学世界的垫脚石。我以为儿子上小学后我就不用再回答幼稚的问题，没料到我依旧要面对这些需要融会贯通很多哲学理论的问题……

然而我一介硬核中年妇女又岂是等闲之辈？我会对他的"为什么"做出解释吗？那需要至少1280课时，我的余生都搭进去他也毕不了业。

但此刻我内心深处藏而不露的黑格尔悲剧理论的激情已经被点燃，思想之火也被熊熊燃起，并形成了发散性哲学思辨——我儿子以后大概率也会是这样一个脑回路不够用的直男吧？不由得心疼未来儿媳妇几秒钟。

但好消息是，我以后不会给他们包粽子并亲自送上门，我儿媳妇必将不会因为我的突然袭击而领导全家人打扫房间、整理厨房、当面吃粽子……

十三姐夫有句名言：康德说过，贤妻让男人变成婴幼儿，悍妇让男人变成哲学家。（康德笑而不语）

前者容易理解，一个事无巨细的老婆带大一个200斤巨婴不是什么难事。

后者就深奥了，但这听起来很不错——也许悍妇才是推动男性整体成长进步的力量。

而我总觉得，大多数已婚男人是在婴幼儿和哲学家之间任意切换，他们的哲学思辨能力会随着时间的推移而逐年提高。

起初，他会用唯物辩证法以及以发展的眼光看待事物的哲学理论来思考生活。比如他会思考我为什么像变了一个人，是什么原因让结婚前那个拧不开瓶盖的弱女子成为现在彪悍的牛夫人。

第一次脱裤子不害羞，第一次换衣服不关门，第一次把对方当兄弟，在哲学上这应该是忘我却又终于本我的质的飞跃，和尼采的哲学思想差不多，他说过："自从厌倦于追寻，我已学会一觅即中；自从一股逆风袭来，我已能抗御八面来风，驾舟而行。"

十三姐夫也说过："**自从我老婆选择对我视而不见，做事效率提高了。**"

第二阶段，他便开始钻研主要矛盾和次要矛盾的辩证关系理论，掌握了"一起训娃可以避免自己挨训"的黄金法则，并偶尔学会动脑筋想一个问题："她说的那句话到底是不是那句话本身的意思？"

再后来，他的脑容量支撑不了更多的哲学思辨，只能寻觅一方净土去冥想："算了，我坐在马桶上再多思考一会儿吧……"

每一个钻进厕所不愿离去的爸爸，不都是消化不良，更不是便秘，他多半是钻入了另一个哲学怪圈里难以自拔。

如果说婚后男人的哲学之路重在形，那么婚后女人的哲学生活态度便是重在意了，显然，更高深一些。

尤其是跟未婚年轻姑娘在一起时，更能凸显我们的哲学思辨之混沌迷离。

那天有个妹子问我：**"你和十三姐夫当年谁追的谁？谁求的婚？"**

这是一道送分题。

难道我会说我追的他？难道我会说我求的婚？神经病啊，我不要面子的啊。

然而事实是，我冥思苦想，也想不起来谁追的谁，谁求的婚，那些盘根错节的古老细节，如同我的发际线一样，本以为在那儿，却已经看不见摸不着了。

毕竟我们现在天天想着的都是**"谁做饭""谁给娃签字""谁去开家长会"**……

但年轻人不希望答案太丧，他们需要正能量。我对妹子说："世上万物本就是你中有我，我中有你，不分你我，哪有什么谁追的谁啊……"妹子听了似懂非懂。

中年妇女一开口，羊驼都能吓遁走。

其实现实中真的有大量未婚女孩，觉得爱情是人生中最重要的元素，把爱情的仪式感当饭吃。

近几年每当我看到那种盛大的求婚场面，我都替女主捏把汗。啧啧，记住这巅峰时刻吧，今后的每一次吵架她大概都会絮絮叨叨：当年你跟我求婚的时候可不是这样的……之后每一天的柴米油盐和鸡飞狗跳都是往坑里填沙，直到求婚的温馨浪漫感人场面由历历在目变成坑里的土渣渣。

生命如水，以发展的眼光看事物，未雨绸缪，这是中年妇女特有的哲学思辨特异功能，常常令我们看起来太现实，不梦幻。

妹子又不死心地问我：“**你当年看上十三姐夫什么了？**”

唉，我连南新商会的西蓝花多少钱一斤都记不住，连家门口公交车站有几辆车都搞不清，你以为我能记住那些没用的玩意儿？

知道吗，中年妇女最大的特征就是对于爱情的颓废。

这是有科学解释的。

人的大脑分不同脑叶，额叶负责想象，颞叶负责记忆。

婚前的女人额叶最发达，天天沉浸在想象中。

结婚3年后你的额叶就基本失去作用了，于是你放弃了童话般的想象力。

5 年后控制语言中枢的布罗卡区和韦尼克区也会互相推搡，于是你懒得说话了。

7 年后你的颞叶也将改变功能，它不再善于记住以前的事，只能记住以后的事，比如期末考试是几号，比如距离预约好的专家门诊还剩几天。

所以你让我回忆当年我看上十三姐夫什么了？

我的 140 亿个灰质神经元都开始瞬间怀疑人生，出现了系统崩溃，如果非要有一个答案，也许我是看上了他的性别吧。

这些致命的问题离生活太远了。此时我的大脑里只剩一个声音在循环播放：我是谁，我在哪儿，我要干什么……

这就是女人的大体发展简史：**婚前整天过家家，婚后活成哲学家。**

每个已婚女人头脑里都藏着一个弗洛伊德，心里住着一个苏格拉底。

对，是苏格拉底，不是提拉米苏。只有未婚女孩才是美食家，已婚妇女都是哲学家。

所以，结婚 10 年以上的夫妻凑到一起，一举一动都是哲学的演绎，每一句对白都是哲学的大戏，每一秒静默也是哲学的沉思，这难道不是婚姻的最高境界吗？

我是谁？

我在哪？

儿子作业还剩多少？

白天是康德的三大批判，这也批判，那也批判，横竖看不惯；晚上是柏拉图式两性关系，纯洁交流，云端沟通，不越雷池半步。

这稳固扎实的哲学堡垒，是中年夫妻的铜墙铁壁。一想到自己形而上的生活高度，整个人都感觉高级起来了。

7

优秀的灵魂都是雌雄同体，说的就是这届妇女

有一回十三姐夫说不舒服，我问他哪儿不舒服，他说头盖骨以下，臀部以上。

说完他往沙发上一躺并打开了手机浏览器。

等我收拾完了厨房，把地板拖干净，顺手把房间整理了一遍，又给儿子切好了水果，再来看沙发上那位，已经睡着了。

看来这次互联网没有为他诊断出脑子和大动脉的怪病，心肝脾胃肾和骨头也没事，当然也不是食物中毒或幽门螺杆菌，更没有推荐到著名男科医院去查前列腺……当我忙完坐下，这位 200 斤的巨婴缓缓醒来，说："我好多了，刚才可能是吃撑着了。"

他那铜铃般的双眼中充斥着"有你真好"的那种安全感。

是的，当一个已婚男人身体不适或内心局促时，作为密切接触者的我们如何给予他们安全感呢？别废话，把所有活儿都干完，他们的很多病就不治自愈了。

24 岁时有人问我“你找对象的要求是什么”，我说没啥要求，可以没钱，可以没房，但得能给我安全感。

其实那时候也不知道什么是安全感，到了 30 岁，有些事就逐渐明朗且具体起来了。

那时觉得女人追求的安全感，也不是幻想什么白马王子，那种王子手无缚鸡之力，一点用没有。我们幻想的是一个杀敌如捣蒜的勇士，一往无前、风雨无阻，不用上刀山下火海，但起码能左手除渍去污，右手消灭四害，懂点机械，会点烹饪，上能搞定空调地暖，下能抢救水管灯泡，时而如霸道总裁般把我们置于无用之地，时而像青春少年一样与我们摸索生命的大和谐。小事不用我们管，大事不用我们管，只有存折需要我们管，而我们只要像个没见过世面的村姑一样躲在他雄鹰般的英姿之下，为他鼓掌叫好，顺便抛一个色眯眯的媚眼就行了。

但几年之后发现，我才是那个雄鹰。

他要是不添乱，偶尔还能来个比翼双飞；他添乱，那就只能上演射雕英雄传。断臂的过儿在姑姑家再莺莺燕燕，到了我这大雕面前也就是个拖油瓶。

现在我们这届妇女才是杀敌如捣蒜的勇士，一往无前、风雨无阻，既能上刀山下火海，也能左手除渍去污，右手消灭四害，掌握了不少机械原理，也学会了各国料理，至于搞定空调地暖和抢救水管灯泡这样的小事根本不在话下，时而如霸道总裁般把老公置于无用之地，时而像懵懂少女一般假装听不懂他讲的半岛局势和区块链。小事不用他管，大事不用他管，我们赚多少钱也不用他管，时不时在我们雄鹰展翅的闲暇之余，老公还能像个女人一样色眯眯地抛个媚眼。

没想到我们可望而不可即的那种安全感，我们的老公不费吹灰之力就拥有了。

雌雄同体的优秀灵魂，不是安全感的搬运工，我们直接制造安全感。

以前带娃去迪士尼乐园，儿子非要玩过山车，虽然我和他爹都在发抖，但总有一个人要陪娃上去，那个人只能是我，因为孩子爹说他上去之后可能会猝死。

在爱与生命的大前提下，勇敢往前迈一步的人总是我，该爷们儿的时候不能胆怯的人也是我。

以前让云配偶出去办点啥事，从出门到回来，全程要“咨询请教”我，搞得好像我天生就会一样。要是让他去开家长会，他连“教室在哪儿”“要不要做笔记”也问我，我远程手把手指导他，还不如我亲自去开。

很久以前，

女人是一种渴求安全感的生物，

所以结婚了，

于是，

她老公先获得了安全感。

但作为提供安全感的一方，我们不能每次在队友需要的时候掉链子，尽管我们需要他们的时候，他们总有一句万能回答："你看着办吧，我也不知道。"然后还送上一个"加油，你能行！"的眼神。

关于安全感这事，女人一般从自己身上获取比较容易。

恋爱时心存幻想，觉得江湖行走有个雄性相伴就有满满的安全感；到结婚时琢磨这人也不用太强力，只要心眼不坏就有安全感了；新婚头三年，你开始教他如何给你安全感；婚后第五年，你发现他不给你添乱就算很安全了；婚后第七年，你别杵我跟前挡我信号已经是最大的安全感了……

我一位女性朋友，一次因为搬了个大西瓜，导致网球肘和腰椎突出一起发作，结果她绑着护腰、护肘，龇牙咧嘴地继续洗衣服、买菜、拖地板、铲猫屎。她老公，一个前特种兵，搬了一箱矿泉水，说腰疼，在床上躺了三天三夜，除了拉屎亲自拉，其他事都不能自理。她每天煮淮山药水，笑脸相迎端到床前，哄他喝下。内心有种喂武大郎喝药的满满快感，老公却从那一碗碗液体里感受到了满满安全感。

真是双赢啊！

撑起一个家可能需要至少两人，但撑起安全感可能只需要一个女人就够了，因为她雌雄同体，一个顶俩。

8

中年老母不配过双十一

每年的双十一都是中国人民的一场大戏。一到双十一，什么妖魔鬼怪都现身了。尽管已经连续一个多礼拜装瞎，躲过了800多年没联系的微信好友发来“帮我盖楼”和“点一下团购”的请求，然而躲得过初一躲不过十五，事情还是发展到了高潮。

双十一到来之前，连隔壁公司的CFO都冲进我办公室直接揪住我问：“亲，要不要报一个英语阅读课！”我被她吓了一跳。

她说：**“双十一活动，邀请一位好友报名，可以优惠100元！还能送一节外教一对一！”**

我看着她被金钱冲昏了头脑的样子，安慰她说：“你缺100块的话，我现在转给你。”

CFO算了算这笔账，生气了：“我要的是100块吗，我要的是和外教一对一！”

“那你就买个一对一的课呗！”

“哼！”

她抛下一句“你冷漠，你无情”便转身离开。

唉，双十一，击溃了多少塑料的友谊。

好在钛合金的战友情还是占多数。我们主张互相扶持的友情应该是扑灭对方想乱买东西的欲望。至于双十一想盖楼的，我们也一致叮嘱对方别再想那些楼盘了，毕竟大家都是有几百万贷款的人……

尤其让我深感欣慰的，是当我知道很多人和我一样，看到那些双十一游戏规则就冒冷汗，发现有人在算打折券金额就不敢看，我感到了深深的释怀。

双十一的全民狂欢，离中年人有点远。

我思索了良久，主要原因可能是精力跟不上吧。

之前在网上看到过一个段子：“双十一薅羊毛的难度大致等同于：把优惠券藏在大兴安岭丛林深处一棵400年古树后方300英尺的刘姓土拨鼠家的车库里，在两小时内找到土拨鼠一家并在车库前合影留念，即可获得5元优惠券。”

是，没错，我们中年人可以埋头苦干40分钟找规律填数字，可以发奋钻研小明和小红各走多少里路才能相遇，也能排除万难

中年人看得懂奥数难题和阅读理解，

却看不懂薅羊毛的套路。

寻找蛛丝马迹计算多边形 ACDFG 阴影部分面积……但是，我们不愿意花时间找土拨鼠去要那 5 块钱的优惠券！

在这方面，恐怕我们已经被诗和远方占据，眼前的羊毛没空去薅。

5 元优惠券对我们来说，机会成本太高了。

5 元买不到我为教育事业添砖加瓦的壮志，5 元买不到我在娃面前泼墨挥毫的雄风，5 元不能抚平我期中考试后千疮百孔的内心，5 元无法满足我在其他领域因计算失误而丢失的成就感……

5 元，买不了安心，买不到放心，只能买一小段给我添乱让我更抓狂的糟心。

我，中年妇女，不配要这 5 元！告辞！

最近好多微信群已经走火入魔，丧心病狂。就连育儿群的妈妈们都连着好多天各种推荐，几轮种草。捋一捋购物车，互相取长补短。

这时心情就像考试前突击复习——生怕遗漏，又害怕太多。

这看似潇洒刺激的买买买，却连平常购物快感的一半都不及。在这团结紧张严肃活泼的双十一购物节，当老母们经过彻夜推敲后删删补补，最终去掉了自己的美容仪和几款大衣，留下了儿子的滑雪装备、爸妈的保健品、老公的旅行箱、抽纸牙膏柔顺剂、猫砂猫粮猫玩具之后，中年妇女内心只留下了无尽的空虚……

作为一个刚治好期中考试后遗症的老母，一个已经把寒春续费准备金放在了床头的老母，这样的精神空虚无疑是雪上加霜。这空虚，来自大家心照不宣的信念沦丧。

本来大家聊的都是教育事业、育儿大计，讨论阅读理解，问答升学比例，聊民生国事，谈伟大理想……生机盎然，充满斗志！如今呢？天天盖楼！

双十一，果然能令人玩物丧志。

除了没空没精力，作为平时竭尽全力生活的油腻中年，大多数人可不想在双十一这种显眼的时刻展现自己的薅羊毛本事。

打折？优惠？促销？瞧不起谁呢，平时买不起还是咋的？毕竟“11 月续费季”正在如火如荼地展开，大家转起账来眼都不眨一下，没考虑双十一这件事，以后也不会考虑，留点钱过年不好吗？

对于这样一群人，越便宜的越不买。“网课 9.9 元”？肯定教不好，一转身买了个 19999 元的。

虽然老母亲我就穿 99 块钱的红色运动裤，但娃却值得拥有“一对一”。

“高价课有没有？”进机构咨询的中年妇女就那么大声地问

了出来。

在那种底气十足的时刻，谁在乎他们双十一是送两套限量版试卷，还是送一节新推出的精品课。

当寒春续费遇上双十一，你觉得最大的赢家在哪里？

赶在双十一前，能推出续费大福利——赠两节课的，已经是财大气粗的好机构了。

也有续费报名送大礼包的，内含两套专家出题模拟卷，一本带答案的练习册，孩子再也不用担心爸爸做不出来啦！

再不行，送双倍积分，送魔方，送文具套装，送个 9.9 元上面印着 LOGO 的环保袋，背出去拉风有面子。

别误会，中年人不关心双十一，不代表他们能力达不到。

双十一秒杀抢购基本都是大学生和未婚青年，难道是中年人手速不够？呵呵，笑话，那是懒得和他们玩，中年人快起来，啥都快！抢报，预选，跨报，你看中的时间点和老师，一秒就没了，秒杀的速度远比双十一抢付款快。

而中年人淡定起来，也永远最淡定——满减？我数学不好算不过来，不需要了，谢谢。

有一次双十一前的晚上，我爸跟我说："我今晚 12 点起来秒杀，闹钟都设好了。"

"秒杀什么？"

“智能电动马桶圈，晚上开抢，买三个。”

唉，我发现中年人已经拼不过老年人了。这种高体力消耗活动，还是留给老年人吧。他们有空重温热烈的青春，有精力追求更卓越的生活方式，而我们中年人，却不会为体验拆快递的快感而凑这个热闹。

我看着自己的黑眼圈，摸了摸加完班陪完作业后又向上移了半指的发际线，惭愧地低下头。

过双十一，我不配。

9

中年妇女的塑料光环，说碎就碎

2020 年年底我特别忙，一周内坐了四次飞机，参加了三场大会，接受了两个采访，领了一个奖。与此同时收获了两个喜讯：儿子的感冒好了；期末考试结束了。

原以为一段忙碌的工作终于完美收尾，可以好好歇一歇了。直到回到家，我才意识到真正的忙碌才刚开始。

同样是忙碌，前后却有天壤之别。我觉得吧，这家门就是一个次元壁，里外是不同时空，走出去岁月静好，走进来一地鸡毛。

中年妇女在次元壁外的塑料光环，一回到家真的说碎就碎。

我不得不把我碎了一地的美好生活跟大家讲一讲，好让你们开心开心。

我一早拖着拧巴的老腰从广州出发，中午回到上海，中间只休喘了一个小时，便马不停蹄地开车送儿子去浦西，上乐理课（大提琴考级必修）。

车开到半路，引擎盖里突然冒起了烟。我故作镇定地打开了引擎盖，身为硬核中年妇女代言人的我此刻绝不能退缩，我必须摆出一副老司机特有的架势，让娃看看我的全能。

不过，鼓捣半天，我还是不知道哪里出了问题，这不怪我，主要是当时正在下大雨。于是我把车停在路边，打车把娃送到学校，这时已经迟到了半小时。然后我火速又打车回到事故点，叫了拖车，把车拖去修理厂。

忙完这些已然到时间，我要赶回去接娃下课。为了防止路上堵车，我机智地钻进了地铁，浑身湿漉漉地在下班高峰中被推进了车厢。30分钟后，再被人群无情地推出车厢，冒雨狂奔200米冲进了教室。

下课时，老师说："因为你迟到了半小时，导致我必须加班半小时帮你家孩子把课上完。"

我熟练地露出恰到好处的微笑，点头哈腰地向老师赔不是："对不起，我们的车在半路冒烟了。"

"下雨天还能冒烟？"

我竟无言以对，只能调侃道："其实您不知道，下大雨和车坏了的桥段最配，这才是标准的倒霉蛋剧情啊。”

回到家我瘫坐在沙发上，头发丝还滴答着雨水。**敲黑板，女人的内心戏此刻必须开场了。**

哇，昨天的这个时候，我正站在聚光灯下的中心位，台下几千双眼睛凝视着我的双下巴，我侃侃而谈，所有人为我鼓掌。

十几小时之后，我被生活打回原形，头发被冷冷的冰雨拍成了大人模样，湿透了的灵魂在温暖的地铁里歌唱。

我觉得这落差有点仓促。

我做了一个设想。假如我对老师说：**“老师，您知道吗，我是昨天刚领了微信大奖的知名 KOL！”**

老师可能会说：**“你谁？什么 O 什么 L？……哦，对了，你儿子这个指定音七和弦还是容易听错，回去多练练！”**

嗯，很明显，我是什么 L 对老师来说没有意义，他只知道我是谁的妈。假设我此刻又说：**“没问题的，我可以让他练，老师，您知道吗，我可是写公众号的人里钢琴弹得最专业的！”**

老师可能会说：**“哦，是吗，我下班了，再见。”**

老师您等等啊，先别走啊，我还没膨胀完呢……事实是，还来不及膨胀，我就瘪了。老师才不管你顶着什么塑料光环在这儿嘚瑟，人家只看你儿子是不是认真学习。

深藏功与名的人生，前一秒以为登上了人生巅峰，后一秒就

坠入冷暖人间。大起大落总是不经意间就落在我们头上。

想想自己淋着大雨一脸堆笑请拖车师傅帮忙的狼狈样，内心有一万个不情愿也得笑对此刻的人生……而就在一天前，我还坐在主办方安排的豪华轿车里，来往于套房与会场之间，5分钟的步行距离愣是开出了12分钟的仪式感，彰显奢华，风月无边。

回想那些高光时刻，不膨胀是假的。当你走路都有人给拎着小裙子，喝口水都有人凑上来补口红，每10分钟就有人问一次你饿了吗……你会发现这世界好温柔。

至今还记得，舞台导演蹲在身边细声细语地给我找角度；摄影大哥晃过我面前时深情的注视；司机李师傅那腼腆的微笑，车上配备的依云水和小坚果；摇下车窗时那一脸扑面而来的香气……一切都是那么令人回味。

醒醒，那时的我不会想到，十几个小时后，我会拧干袖口的雨水，在地铁最后一节车厢看着角落里的小姐姐认真补完她的樱桃色口红，然后轻巧地塞进小香的挎包，而我的大帆布袋里只能看到儿子吃剩下的半个苹果逐渐发黄……

前一天，世界真美好。后一天，人间不值得。

这一切，只是因为我们离开了工作，回归了生活。所以女人为什么要有工作，要走出去；一切都有了答案。

然而，昨天的一切皆为虚幻，今天的一切才是现实。别相信任何中年妇女在外面的光鲜人生……基本都只占她的 50%。

嗯，**这世上只有菜市场的价格、辅导班的费用、娃的成绩是 100% 不骗人的。**

中年人的膨胀，总在回家后花落满地。

这是光环的不持久，还是舞台的不挽留？

我们的光环崩塌往往就在一瞬间，任你七十二变，家就像太上老君的炼丹炉，进去了就得打回原形。

谁在乎你是什么行业大咖、业界巨星，纵使你成就斐然、光彩夺目，在更多人眼里，你就是谁谁谁的家长，有一个不怎么让你省心的孩子，生活得和所有人一样糟心，遇上的也都是那些事。

但中年人的硬核高潮部分来了——在经历了这些杂乱又糟心的倒霉事，以及让内心无比惆怅的落差对比之后，所有人还能看到我们在笑。

这就是生活。

当然，在孩子面前我还得端着点，不要影响了我在他心目中的母后形象，毕竟我们努力工作赢得的一切，最终还不是为了在孩子面前炫耀自己，成为离他最近的榜样吗。

至于碎掉的塑料光环，我们就掺进枸杞桂圆菊花茶里一饮而尽吧。

中年人的膨胀，

总在回家后花落满地。

10

女人超越你的时候，从不会提前打招呼

我经常被问到一个问题：**你是如何平衡事业与家庭，如何兼顾工作与带娃的**？

同样的问题，几乎不会有人去问男人如何平衡与兼顾，也许在大多数人心里，男人是一群幸运的单核动物，忙事业的男人不用带娃，忙工作的男人不必兼顾。

而女人则是一群无奈的八爪鱼，工作越忙就应该“越顾家”这样才是美谈，才能获得全能的美誉，我们必须平衡，必须兼顾。

大概很多人希望从我们这儿得到一个唯美且迷幻的答案：“我拥有三头六臂，我长了两个脑袋，我可以同时做五件事，我有时空穿梭的特异功能……所以我在工作和家庭中切换自如，在事业与孩子间呼风唤雨，所以我能两手抓，两手都能硬。”

如果这不是人们想要的答案，那或许该说：“我殚精竭虑，夜以继日，不眠不休，肝肠寸断，磨灭天性，破釜沉舟，付出极大的心力才能把自己训练成两头兼顾的优秀女性。”

很显然，天赋异禀不符合常理，祥林嫂式哀怨也不可行。

都什么年代了，女人还被问这样老掉牙的问题，真令人沮丧。

乱七八糟的工作和更乱七八糟的生活到底是怎么兼顾的？既然没有人会习惯性向男人们提出这个问题，女人们就不得不探索出一个答案了。

无非就是靠放弃一些时间来获取另一些时间，靠牺牲一些梦想来实现另一些梦想，靠错过一些美好来实现另一些美好，甚至是靠放掉一些美丽的鸽子，来陪伴一地的鸡毛。

比如，和闺蜜约的海岛之旅，和朋友约的下午茶，和老同学约的自驾游，该放鸽子的时候就得放，因为得把时间留给工作或家庭，做一个“工作与家庭平衡，事业与带娃兼顾”的优秀妈妈呗。

年轻人很浪漫地与春天有个约会，妈妈们却得先看春天会不会影响我们成为一个方方面面兼顾的八爪鱼。如果影响了，对不起，春天，你走吧，我们不合适。

我们狠起来，还能放医生的鸽子。就连偶尔生一次病都不好意思去医院，多喝热水能治一切，因为我们知道，作为病号时越恣意享受，病好之后反差就越大。

病一好，全线戏崩，三天没干的活都得重新补齐，几天没管的孩子还得从头收拾。大明湖畔的夏雨荷到了午夜 12 点又变回了容嬷嬷。有句话说得好："出来病，迟早是要还的。"

妈妈们就是这样变得越来越"兼顾"和"平衡"的，也就是这样不动声色地强了起来，不知不觉把很多人甩在了身后，没了竞争，独孤求败。

当那些整天问"你如何兼顾工作和生活"的人反应过来的时候，会发现妈妈们已经默默地变成了无敌金刚，他们被瞬间碾压到窒息。

女人超越你的时候，根本不会提前打招呼。

前阵子我们征集了一下"大家当妈后学会了哪些硬核新技能"。有一个妈妈发来：

能全面装修房子包括水电改造；

能修家里过保的家电；

为了给孩子示范学会了骑马；

自学花滑用以指导、陪练；

挨个机构刷所有名师以给孩子选最好的老师；

会做小奥难题；

会烘焙，裱花蛋糕漂亮程度远超市售蛋糕；

会做各类中西餐；

会理发，保证不把钱给 Tony 老师；

……

有的妈妈这样评价自己："我从来不求人，啥事都能自己一手操办。"

但我认为这样不太好，女人还是要"求人"的，需要老公帮忙的时候不是没有，比如：

换水龙头的时候请老公帮忙递一下扳手；

情人节的时候需要在朋友圈秀一下，昭告天下，没换人、没分居、没离婚；

生二胎的时候需要好兄弟提供一些必要的"人道主义援助"；

逢年过节亲朋聚会时需要作为现实存在的配偶出现……

大多数妈妈都能迅速把各路竞争对手抛在身后，快速从一个什么都不会做的小公主转变成能打理一切的女汉子。

从选尿布到海淘奶粉，从荧光剂到过敏源，从启蒙书到安全座椅，从特需门诊到传染病科，从抗生素到按摩推拿，听得懂电磁感应，弄得明白语气助词，看得懂文言文翻译，做得了曲线运动，必须人间富贵花，买课报班随便刷……

与此同时，上班不能迟到，下班不能早退，有任务不能退缩，有压力还得扛着，完成 KPI 的节奏不亚于任何人，在公司还

作为家长，

最大的KPI是娃的成绩单。

父母当得好不好，

主要看娃。

能兼任生活指南、情感助理、知心大姐姐……

她们每天一睁眼就是一堆的待办事项，临睡前还得复盘一下今天哪些事没做好，明天哪些事等着我。长此以往，很多女人总感觉自己是一个统管八面、威震四方的女干将，气吞山河，无所不能啊！

可生活就是这么讽刺，一转身回归现实，那些小到不能再小的琐事，依然是离不开女人们的操持。早上一片忙乱送娃上学，白天手脚并用应付工作，晚上鸡飞狗跳陪读辅导，全年无休的特级保姆+勤杂工，不赚钱还倒贴。

一想到这儿，不禁慨叹卿本佳人，瞬间失去了自信——唉，事业与家庭平衡、工作与带娃兼顾，说起来容易，真的做到是何其困难啊！

所谓“家庭与事业兼顾”只不过都是一地鸡毛之上的那张漂亮手工地毯，我们努力做的只不过是让它折旧的时候贵一点而已。**没有谁能真正平衡好一切，只是有人笑着多扛起一个担子而已。**